科学家名人传记丛书

居里夫人
科学女神

The goddess of science

Curie

傅德岷——主编

上海科学技术文献出版社
Shanghai Scientific and Technological Literature Press

图书在版编目(CIP)数据

居里夫人:科学女神/傅德岷主编. —上海:
上海科学技术文献出版社, 2021
ISBN 978-7-5439-8382-3

Ⅰ. ①居… Ⅱ. ①傅… Ⅲ. ①居里夫人
(Curie, Marie 1867—1934)—传记—青少年读物
Ⅳ. ①K835.656.13-49

中国版本图书馆 CIP 数据核字(2021)第 142189 号

策划编辑:张 树
责任编辑:王 珺

居里夫人:科学女神

傅德岷 主编

*

上海科学技术文献出版社出版发行
(上海市长乐路 746 号 邮政编码 200040)
全国新华书店经销
四川省南方印务有限公司印刷

*

开本 650×900 1/16 印张 13.75 字数 275 000
2021 年 8 月第 1 版 2021 年 8 月第 1 次印刷
ISBN 978-7-5439-8382-3
定价:48.00 元
http://www.sstlp.com

前　言

玛丽·居里夫人（Marie Curie，1867—1934），是一位原籍为波兰的法国科学家，一生曾两度获得诺贝尔奖，被誉为“镭的母亲”。她与丈夫彼艾尔·居里（Pierre Curie）共同研究放射性现象，发现了钋（Po）和镭（Ra）两种放射性元素，并因此与法国物理学家亨利·柏克勒尔（Henry Becquerel）分享了1903年的诺贝尔物理学奖。之后，居里夫人继续研究了镭在化学和医学上的应用，并且因分离出纯的金属镭而又获得1911年的诺贝尔化学奖。他们研究工作的杰出应用之一就是应用放射性治疗癌症。

玛丽·居里于1867年11月7日诞生于沙皇俄国侵略者统治下的波兰首都华沙，父母都是教师。父亲是华沙中学的物理学教师，深深地熏陶着小玛丽。她的妈妈得了严重的传染病——肺结核病，因此，大姐常常照顾小玛丽。在她出生（她是他们的第五个孩子）后不久，母亲便辞去教职。后来父亲也失去督学职务，家庭生活比较艰苦。为了糊口，父亲收了寄宿生以补贴生活。后来，妈妈和大姐在她不满十岁时就相继病逝了。玛丽·居里中学毕业后，当了多年家庭教师。从小艰难的生活，培养了她独立的个性和坚强的性格。

1891 年她到巴黎进入了巴黎大学学习，并于 1894 年与法国物理学家彼艾尔结识，第二年他们结了婚。从 1896 年开始，居里夫妇共同研究起了放射性元素。1903 年 6 月，居里夫人取得物理科学博士学位。1906 年，彼艾尔不幸车祸去世。从此，彼艾尔在巴黎大学文理学院的教职由玛丽接任。这是该校六百多年来的第一位女性教授。她的余生则致力于镭的用途的研究。

居里夫妇是将自己的一切都无私地奉献给科学事业的伟大科学家，他们把自己的科研成果看作是全人类的共同财富，展示了自己宽阔的胸怀。然而法国有关部门对他们的工作所给予的待遇是不公平的，对于他们科研成果的反应是迟钝的。他们的第一枚奖章是英国赠予的，由于他们发现了放射性新元素钋和镭，开辟了放射化学这一新的学科领域，1903 年英国皇家学会邀请他们夫妇到伦敦讲学，并授予皇家学会最高的荣誉——戴维奖章。

居里夫人的大半生都是清贫的，提取镭的艰苦过程是在十分简陋的条件下完成的。居里夫妇拒绝为他们的任何发现申请专利，为的是让全人类能自由地利用他们的发现。

自 1912 年玛丽·居里亲手制备的镭管作为镭的国际标准，直到现在它还放置在巴黎的国际衡度局内，作为世界上镭的第一个标样。

在世界科学史上，玛丽·居里是一个永远不朽的名字。这位伟大的女科学家，以自己的勤奋和天赋，在物理学和化学领域，都做出了杰出的贡献，并因此而成为唯一一位在两个不同学科领域两次获得诺贝尔奖的著名科学家。玛丽·居里是第一个荣获诺贝尔科学奖的女科学家，她是成功女性的先驱，并激励了很多人。从 1897 年居里夫妇发现放射性元素镭之后，一百多年来，称颂他们的文章、书籍从未间断，可见她所建立的勋业和她所具有的品质深深地留在后人的印象中，成为科学家和广大青少年学习的楷模。

1934 年 7 月 4 日，长期积蓄在体内的放射性物质所造成的恶性贫血即白血病终于夺去了居里夫人宝贵的生命。她虽然离开了人世，但是她为人类所做的贡献以及她的崇高品行将永远铭记在人们的心里。

爱因斯坦在评价居里夫人一生的时候说："她一生中最伟大的功绩——证明放射性元素的存在并把它们分离出来——所以能够取得，不仅仅是靠大胆的直觉，而且也靠着在难以想象的和极端困难的情况下工作的热忱和顽强。这样的困难，在实验科学的历史中是罕见的。居里夫人的品德力量和热忱，哪怕只有一小部分存在于欧洲的知识分子中间，欧洲就会迎来一个比较光明的未来。"

目　录

第一篇　睿智的童年

我们应该不虚度一生，应该能够说："我已经做了我能做的事。"

——居里夫人

智慧的女孩

1867 年 11 月 7 日晚上，父亲告诉大家说："孩子们，你们都过来。今天晚上大家要乖一点。假如你们都很乖，凤鸟就会衔着一个小宝宝来送给妈妈哦！"

"哦，真的吗？"长女罗莎睁着一双乌溜溜的大眼睛，依偎在父亲身旁问道。

约瑟夫和希拉原本趴在木地板上玩积木，一听到凤鸟要带娃娃来，都惊讶地回头望着父亲。

而小布洛妮亚那时才 3 岁，正在隔壁的木床上睡得很甜。

走廊对面的房间内，即将临盆的母亲正由助产护士照顾着。

孩子们吵着要父亲讲故事，但是，焦急的父亲一心关注着对面房间的动静，故事也讲得漫无头绪，直惹得孩子们频频追问："后来怎么啦?"

突然，对面房内传来一阵响亮的婴儿哭声，大伙儿都站了起来，罗莎高兴万分地喊道："爸爸，凤鸟带小宝宝来了!"

门开了，助产护士走了出来。在她手里，捧着一个用柔软的毛巾包着的红脸娃娃，正不断地啼哭着。

"是个女孩儿。"助产护士笑着说，并把娃娃抱给孩子们看。

"我太太还好吧?"

"她很好，您不用担心。"

"噢，那太好了。"

父亲松了一口气，对孩子们说："你们看，因为你们很乖，凤鸟真的把宝宝送来了。"三个小孩都用兴奋的眼神望着刚出生的小婴儿。

家里传出一阵婴儿的啼哭声，这是他们家的第四个女儿。斯科罗特夫斯基先生为这个孩子取名"玛丽"，家里的人都喜欢叫她"玛妮雅"。

玛丽深受父母和兄姐的宠爱，虽然身体瘦了些，可是很健康，不曾罹患什么大病。她就在这个被亲情包围的环境中慢慢地成长。

斯科罗特夫斯基是世居华沙北方一百公里处斯科洛第地方的波兰贵族，本来拥有田地百亩，但因战乱频繁而全数丧失了。好在斯科罗特夫斯基毕业于圣彼得堡大学，因此得以在华沙中学担任物理、数学教师，并兼任副督学的职位。

他的学问很高，懂得文学，特别喜爱诗歌，而且能说八国语言。在玛丽出生前不久，他刚刚被任命为诺佛立普基路男子中学的物理教师兼副督学。他的夫人布洛尼斯洛娃是一个小富人家的掌上明珠，从华沙的一所寄宿制女子中学毕业后，她就留在学校当老师。由于她工作出色，待人诚恳，很快就接任了这所学校的校长。

在这个家庭中，玛丽有三个姐姐：大姐罗莎，二姐布洛妮亚，三姐希拉；她还有一个哥哥叫约瑟夫。约瑟夫比二姐大，在家里排行老二。这几个孩子年纪较相近，大姐罗莎也只比玛丽大八岁。

由于在学校工作，因此对沙俄在文化上的压迫，斯科罗特夫斯基有着切身的体会。他常常教育子女，要学好知识，特别要了解有关波兰的一切。因为统治者可以夺走祖国的土地、金钱，可以把反对者消灭，但是他们抢不走波兰人掌握的知识。“罗马征服了世界，但希腊文化征服了罗马。”他喜欢用这句话来勉励他的孩子们。

就在波兰人沦为亡国奴的社会环境中，玛丽度过了她苦难的童年。年幼的她还不懂得波兰复杂的社会情况，但时常能听见大人们在悄悄地谈论着：“警察……宪兵……沙皇……西伯利亚……”玛丽觉得，这些词似乎带着一些恐怖的含义，总让人感到忐忑不安。

虽然生活的环境很有压抑感，但是玛丽也有一些快乐的时光。每到星期日，斯科罗特夫斯基先生家里就会变得非常热闹，孩子们拿出他们叔叔送的建筑玩具，在家里玩起打仗的游戏来。

家里唯一的男孩约瑟夫领着姐妹们造城堡、建桥梁，就像是一位陆军元帅。接着，他们分成两组，并且用木条做成大炮，小木块当作炮弹，把家里弄成了战场。玛丽由于年纪最小，因此只负责运送“弹药”。她用裙子兜着一堆小木块，在两边跑来跑去，忙得不可开交，脸上不断地淌下汗水，嘴唇也都干了。

“玛丽，妈妈说你玩得太久，该休息一会儿了。”听到大姐罗莎的“命令”，玛丽急忙停住脚步，把小木块撒了一地。

居里夫人之母

居里夫人之父

“姐姐，布洛妮亚还需要我给她运‘弹药’呢。”玛丽冲大姐撒起娇来。

“不行，不许再玩了，妈妈叫你过去呢。”在弟弟妹妹们面前，只有12岁的罗莎已经像一个大人了。

玛丽只好牵着姐姐的手来到妈妈的房间。妈妈看到玛丽后，用手把她松散开的衣服重新系好，拢拢她的头发，然后轻轻地抚摸她的额头。

玛丽坐在妈妈身边，静静地看着妈妈。

从记事起，妈妈在玛丽的眼中就犹如图画中的圣母，她的目光和蔼、安详，脸上永远笼罩着一层慈爱的光辉。但是，妈妈却从来没有拥抱过玛丽，像现在这样用手抚摸前额，已经是玛丽所能得到的最亲密的表示了。

有时候，玛丽真想一头扎进妈妈的怀里，可是妈妈却总是和她保持着距离。妈妈这种态度对玛丽来说，简直是一个谜。

年幼的玛丽当然不知道，她的妈妈在生她的时候，就有了肺结核病的初期症状。在这之后的几年，虽然经过多方调治，但病情还是日益加重。在那个时代，肺结核病还是一种无法治愈的病症，只有通过调养，依靠患者本身的抵抗力，才有可能逐渐恢复。由于得了这个病，玛丽的母亲已经辞去了女子中学校长的职务，全家都靠玛丽的父亲养活。可是，一个中学教师微薄的薪水，实在难以支撑整个家庭的开支，因此全家的生活一直相当拮据。

为了避免把可怕的肺结核病传染给孩子，妈妈给自己定下了严格的规矩：只用自己专用的餐具，不拥吻任何子女。另外，斯科罗特夫斯基尽量让孩子们多去室外活动。每年的暑假，为了帮助妈妈养病，他们一家总是到乡村的亲戚家度假。

1871 年的夏天，斯科罗特夫斯基夫妇带领着五个儿女回到乡下度假。这时，孩子们彻底从压抑封闭的学校环境中解脱出来，就好像来到了儿童乐园。他们和乡下的孩子一起下水摸鱼，爬到马背上趾高气扬地做出各种动作和表情，要不然就是到饲养场像模像样地给母牛挤奶……总之，他们从田园生活中找到了乐趣。

安静下来时，他们还会玩一种“字母游戏”。他们用纸板剪成的字母随意地排列成字，比比看谁认识得多。可不要小看了玛丽，尽管她才4岁，可是已经能对看过的单词过目不忘了。哥哥姐姐们虽然很不服气，可是事实胜于雄辩，在这个聪明的妹妹面前，他们只能乖乖认输。

闲暇时，一家人围坐在炉火旁，妈妈用她那修长的手指弹奏起钢琴，悠扬的琴声在这个七口之家的上空回旋，即使小鸟儿飞过也愿意停下来听一听这美妙的声音。小玛丽仰望着母亲，觉得她就像高贵的圣母，脸上永远笼罩着一层慈爱的光辉。日子就这么一天天过去了，玛丽也渐渐地长大了。

乡村，夏天，假期，孩子们简直是到了“自由王国”，每天都在无忧无虑地玩耍。他们最喜欢和住在山里的表兄弟们一起玩。这里没有偷听人们说话的警察，孩子们可以大胆地说波兰话，唱波兰歌。这里有高大温驯的马可以骑，有漂亮的奶牛提供的鲜奶可以喝。

斯科罗特夫斯基夫妇都是教育工作者，明白让孩子接触大自然的重要性，因此，他们鼓励孩子们多到自然环境中去。当

波兰风光

然，他们也不忘每天教年纪大一点儿的孩子认字、读文章，培养孩子们对学习的兴趣。

那时玛丽 4 岁，布洛妮亚已经 7 岁，就快上小学了，父亲要布洛妮亚开始认字。可是，布洛妮亚却喜欢玩扮老师的游戏，而且总是叫妹妹扮学生。

布洛妮亚把该学的功课都叫玛丽学，自己则装模作样、神气万分地教玛丽认字。才 4 岁的玛丽记性很好，只要布洛妮亚教过的，她一定不会忘记；不管怎样考她，她也不会答错。当然，除非布洛妮亚教错了。

有一天，姐姐布洛妮亚又对每天认字母、背单词的学习感到了厌倦，于是就找来还没有开始学习识字的小妹玛丽，玩起了“教师游戏”。两个小女孩在一起把用纸板剪出的字母排列成单词，姐姐布洛妮亚总是摆出一副“老师”的架子，每当玛丽排错了的时候，她就会一本正经地说：“你怎么又弄错了呀？这个字母应该放在这里……”

这种师生游戏玩儿多了，布洛妮亚渐渐地也觉得厌烦了，倒是玛丽始终乐此不疲，她常常催促布洛妮亚说：“姐姐，时间到了，我们来玩老师教学生吧！”

这时快乐的暑假即将结束，整装准备返回华沙的那天早上，父母亲把布洛妮亚叫到跟前，想考考她暑假中所认的字。父亲递给她一本课本，要她朗读。布洛妮亚读得结结巴巴的，站在一旁的玛丽再也沉不住气了，一手夺下姐姐的课本，大声地读着。

她得意洋洋地愈念愈起劲，突然发觉大家都一言不发地静静地看着她。那种沉默使玛丽害怕，她不知自己做错了什么事。

玛丽一见父母亲眼中流露着难以形容的神情，以为自己要挨骂了，不禁啜泣起来，赶紧甩掉了课本，哭着说：“姐姐，我不是故意的，对不起……”

于是母亲紧紧地抱着玛丽，说道：“玛丽乖，别哭。你好棒哦！什么时候学会这么多字的？爸爸妈妈都在夸你呢！”

自从这件事之后，玛丽对念书的兴趣愈来愈浓厚了，但是，父母亲却反对她这么小就看书。

根据这对教育家经年累月的经验，小孩过于早熟，有时并非好现象。

有时候，玛丽会捧着图画书来问他们：“爸、妈，这是什么呀？”

那时，他们就会设法引开她的注意力，对她说：“玛丽，你看，今天天气多好啊，到院子里玩玩儿吧！”

因此，每次当玛丽试图找到一两本姐姐们读的书时，妈妈都会叫她放下书本：“玛丽，你还是去玩玩积木吧……玛丽，你的布娃娃到哪里去了……唱个歌给妈妈听，好吗……”

居里夫人和兄姐罗莎、希拉、约瑟夫、布洛妮亚

可是悠闲的乡村生活只是斯科罗特夫斯基家生活的插曲，一旦回到华沙，他们还是不得不在沙皇俄国的专制统治下生活。

在回忆中，最令孩子们高兴的是住在乡下亲戚家。因此一到暑假，全家就离开炎热的华沙，到乡间和亲戚们小聚，亲戚们也很欢迎这些来自华沙的城里人。

乡村远离都市尘嚣，徜徉在森林茂密、河川清澈、空气新鲜的大自然中，如此甜美的快乐，即使孩子们长大了，这些美景也仍然萦绕于他们心中。就以玛丽来说吧，她在结婚之后也经常利用周末举家出游，到美丽的田园漫步；在经济许可的范围之内，有时也到山上、海滨度过漫长的暑假，忘却沉重的工作、研究的疲劳，尽情沉醉于大自然中。

6 岁的时候，玛丽进了私立寄宿学校。表面上，她可以读她喜欢的书了，但实际上，玛丽却不得不学习俄国人规定的那些教材。

每天早上，她都穿着白领浆得笔挺的蓝色制服，左手拿着装有笔记本的书包，连跑带跳地赶到学校去。上课时，她的神情专注得就像在跟谁生气一般，老是瞪大双眼盯着老师，好像担心漏听了老师的话似的。无论是法语、算术还是历史，她的成绩始终遥遥领先。看起

玛丽就读的女子私立寄宿学校

书来，即使周围嘈杂不堪，她也置之不理。

她的聪颖着实太令人惊讶了。即使是艰深晦涩的诗，只要听过两遍，她就能一字不漏地照背不误。有的同学认为这是巧合，于是又以各种诗来试试她，结果玛丽仍能背诵自如。因此，同学们对她佩服得五体投地。

聪颖过人的玛丽，做家庭作业只要花费别人所需时间的三分之一，因此有太多空闲的时间，反倒使她感到烦恼。

老师们很快发现，这个孩子虽然年龄不大，但是特别聪明，学东西很快，而且对学习抱有极其浓厚的兴趣。其实他们没有想到，玛丽早在4岁的时候就已经显露出了极强的求知欲。

在班上，对玛丽最为关心的是她的数学和历史老师兼学监安多尼娜·杜芭斯卡小姐，人们喜欢称呼她为“杜普希雅”。杜芭斯卡小姐看起来有些古怪，总是穿一身黑衣，还常常板着脸，似乎对世界上的一切都不满意。可她看玛丽的时候，眼神里总含着深切的关爱，因为在班上，玛丽虽然比其他同学要小两岁，可她一上学就表现出了惊人的记忆力和智力，她所有学科的成绩在班里总是第一名。

杜芭斯卡小姐虽然表面上很冷漠，其实是一位充满爱国激情的知识女性。只不过亡国奴的身份使她不得不把这种火一样的热情隐藏在冰冷的外表下。但是，一到上历史课的时候，杜芭斯卡小姐就会变得神采奕奕，常用波兰语给孩子们讲述波兰的历史和文化。每到这时，教室里便会出现一种神圣、崇高的气氛，孩子们都变得十分激动。因为政府禁止学校使用波兰语，所以无论是讲课的老师还是听课的学生都要有足够的勇气，努力争取这种能用本国语言说话的时刻。

杜芭斯卡小姐用低沉而有力的声音说：“同学们，波兰的历史是从波莱斯拉夫建立皮阿斯特王朝开始的。在14世纪中叶，波兰国王瓦迪斯瓦夫一世重新统一了波兰。1596年，华沙成为了波兰共和国的首都。但是现在，我们的祖国正遭受不幸，处在俄国的统治之下。我们不能忘记自己的家园和祖先留下的遗产，我们的国家不能成为俄国的领地。”

一天，这位女教师正在带领孩子们复习最近学过的历史课。玛丽被要求复述前几次课的要点，当说到第一次允许外国人分割波兰的国王斯坦斯拉夫时，玛丽用激烈的语气指责说：“他是一个缺乏勇气的人，这是波兰的不幸……”

背景知识

华 沙

华沙，波兰首都，全国第一大城市，是工业、贸易和最大的科学文化中心及最大的交通运输枢纽。位于国内中部平原上，坐落在维斯瓦河中游西岸，面积450平方公里，是中欧诸国贸易的通商要道，自古以来就是非常繁华的地方。公元10世纪和11世纪初已有居民，城市初建于13世纪中叶，1596年成为首都。18世纪初开始被外国统治达二百多年，1919年起复为波兰首都。1920年人口即超过百万，为当时欧洲大城市之一。第二次世界大战中受严重破坏，战后迅速重建。工业部门繁多，以机械制造业最为著名，包括电机、精密机械、机床、飞机、汽车、农机等部门。化学（药品、塑料、化纤）、纺织、食品加工等工业也很发达。华沙又是全国最大的学术文化和印刷工业中心，设有波兰科学院、各类研究机构和学会以及全国最大的综合大学等多所高等学校。西北郊热拉佐瓦沃拉是音乐家肖邦的故乡。

当飞机抵临华沙上空，凭窗俯视，映入人们眼帘的是一幅美丽壮观的自然景色。银波粼粼的维斯瓦河，如一条玉带环绕在华沙的腰际，雄伟的华沙古城屹立在河岸上，欧洲中世纪式的红色尖顶建筑群鳞次栉比。横跨维斯瓦河的铁桥上，车水马龙，一派繁华景象。条条热闹的大街两侧，房屋高耸，绿树成行，草坪连片，伸向远方，整座城市犹如一艘停泊在绿色海洋之中的巨轮。

华沙作为世界名城，始建于公元13世纪，当时是维斯瓦河渡口上的一个中世纪市镇。在波兰语中，华沙为华尔沙娃，传说一对叫华尔西和沙娃的男女恋人，勇敢地抗争国王的阻挠，最后终于结成夫妻。人们对这对青年恋人的勇敢精神十分敬佩，便以他们的名字命名这座城市，后来简称为华沙。

1596年，波兰国王齐格蒙特·瓦萨三世将皇室和中央政府由克拉科夫迁至华沙，始定为首都。在1655年至1657年的一场战争中，华沙遭到严重破坏，在以后几个世纪中又多次被异族占领和统治。在第二次世界大战中，华沙这座美丽的古城遭到严重破坏，几乎被夷为平地，全城85%以上的建筑被毁，那些富丽堂皇的古典建筑几乎荡然无存，到处是残垣断壁，一片焦土。有的西方人士曾经断言："华沙不会重现在人间，至少一百年内是没有希望的。"但事实却做出了相反的回答。

1945年华沙摆脱战争后，便按原样重建城市，不仅保持了中世纪古城的风貌，而且兴建新市区，超过了战前的规模和水平。在重建过程中，保护和修复历史古迹的工作受到格外重视，战前市内九百多座具有历史意义的建筑物，几乎都进行了修复和整饰，那些昔日的宫殿、教堂、城堡等显得更加巍峨壮观。

督学的临检

“铃——”教室一隅突然响起一阵细小的铃声。

两声长的，两声短的。这是信号！说明督学官霍恩堡要来检查课堂教学了。

有人小声地说着：“来了，来了。”

整个教室顿时陷入骚乱不安之中，老师和学生们全都变了脸色。

站在讲台上的老师赶紧藏起一些简陋的印刷书，学生们也忙不迭地把波兰文课本和笔记本收好，交由五位学生匆匆忙忙地藏到学生宿舍的门板背后。然后，他们立刻又飞快地奔回教室坐定，一副若无其事的样子。

这些工作在铃响之后不到一分钟的时间内就完全做好了。

不久，教室的门打开了，一个头发短短、脸庞油腻、戴着一副金边眼镜、个子高高的男人，挺胸阔步而入。

他就是华沙私立学校的督学官霍恩堡。跟在后面的校长，脸色苍白得可怕，并流露着害怕和不安的神色，学生们看得一清二楚。

校长担心什么呢？她担心铃响后不久督学就已进入教室，师生们是否已经把波兰书籍收好了。

看到这幕情景，校长才松了一口气。

“可是，刚才我好像听到有人在念波兰语。”

“不，刚才学生们一面在缝衣服，我一面念俄国短篇小说给他们听。”

督学神情疑惑地掀开了学生的桌子，结果里面什么也没有。

校长和老师面面相觑，彼此流露出心照不宣的神情。

如果督学知道在他进来之前，教室里曾有过那一幕景象，不气疯了才怪！

可是当时，整个华沙的人非但不能读波兰文，也不能读波兰历史。当然，督学也曾耳闻学校背地里教波兰历史的事，只是苦无实事证据罢了。今天，他之所以来视察，就是基于这个原因。

学校当局为了应付督学这一招，就在校门的门房装置了暗铃，只要轻轻一按，细微的铃声就可即刻通知各教室有情况发生了。

全班25个小女孩都在低头做针线。她们手指上戴着顶针，在毛边的四方布上用心地锁着扣眼。剪子和线轴散乱地放在课桌上。教师的桌上放着一本打开的俄文书。

霍恩堡继续用他那狡猾而冷酷的目光审视着每一人学生的脸。

“刚才，在给学生读克雷洛夫的寓言故事《乌鸦和狐狸》。”

霍恩堡说道：“是吗？虽然我们的政府不喜欢这个作家，不过，毕竟他是俄国人。”

霍恩堡像寻找猎物的狼一样，在一把椅子上坐下，环视着周围的一切。

“请叫起一名学生，我有话想问一问。”

玛丽顿时心惊肉跳。坐在第三排的她，本能地把脸转向窗户，心里暗暗祈祷：“我的上帝，不要叫我，拜托……”

但是她知道老师一定会叫她，因为她学习成绩最好，俄语也最流利。

听见老师终于叫出她的名字后，玛丽站了起来，瞪着圆圆的眼睛盯着督学官，一种难以言表的耻辱感卡住了她的喉咙。

“背诵祈祷文。”霍恩堡说。

玛丽用毫无情感的声音，准确无误地背出天主教祈祷文。沙皇发明的最巧妙的侮辱波兰人的方法之一，就是强迫波兰小孩每天用俄语背诵天主教祈祷文。

“由叶卡捷琳娜二世起，统治我们神圣俄罗斯的皇帝是哪几位？”督学官霍恩堡的提问总是带着挑衅的意味，他在提问时特意把“我们”两个字的语气说得特别重。

“叶卡捷琳娜二世、保罗一世、亚历山大一世、尼古拉一世、亚历山大二世……”

字正腔圆的俄语，从玛丽的口中滔滔而出。

督学虽然感到非常满意，但是心中不免暗想：“如果她是波兰人，俄语说得实在太棒了。也许她是在圣彼得堡生长的呢！”

因此，他问玛丽：“你是在俄国出生的吗？”

“不，我是在华沙出生的。”玛丽坚决地回答。

他又以怀疑的口吻继续询问：“俄国皇帝全家的尊称，你知道吗？”

“皇后陛下、亚历山大陛下、大公殿下。”

“尊称皇帝什么?”

“陛下。”

“对本督学称什么?”

“阁下。”

确实，这个孩子记忆力极好，俄语发音也非常标准，简直和生活在莫斯科的俄国孩子没有区别。

督学官满意地笑了，而玛丽的脸色却变得惨白。她在竭力克制内心的反感。

一连串紧迫盯人的询问毫不放松，玛丽仍然对答如流，但是，下一个问题却使玛丽愣住了。

“统治波兰的是谁?”

教室一片沉寂，玛丽闭口不答。她实在不愿意说出那个名字。

督学以不愉快的口气又问:“到底是谁在统治波兰?”

校长和老师脸色发青，同学们也都神情紧张地望着玛丽，督学的语气，显然已含有愠意。

玛丽面色苍白，好像在做无言的抗议。

督学怒视校长:“你难道不曾告诉学生，俄国最神圣的人是谁吗?”

校长噤若寒蝉，半晌说不出话来。

这时，玛丽只好心不甘情不愿地说:“是俄国皇帝亚历山大二世陛下。”

于是，问话到此结束。督学以蛮横无理的态度叫校长开门，然后神气十足地又步入了另一间教室，继续做“督学视察”的工作。

玛丽的脸开始突变，和她同班的姐姐希拉也直冒冷汗。

杜芭斯卡小姐抬起头：“玛丽，我的孩子，到这里来……”

玛丽离开座位，走到老师面前。老师什么也没说，把玛丽紧紧搂在怀里，吻着她的额头。玛丽再也压抑不住自己的痛苦，趴在老师怀里哭了起来。

对于玛丽来说，这样的生活实在难以忍受。忽然，在这个复活了的教室里，波兰小女孩难过得哭了起来。

受考问之后，虽然已经过了好几个钟点，这个小女孩仍然觉得不安。她深恨这种突如其来的惊恐，深恨这种屈辱的表演。然而，在俄罗斯沙皇统治下的波兰，使她更沉重地感觉到自己生活中的悲哀。

可是在这个被侵占的国家里，谁都难以摆脱这种屈辱的岁月。

背景知识

沙俄统治波兰

从欧洲的版图上看，波兰是东欧的一个大国，然而在历史上，波兰却是一个多灾多难的国家。在18世纪末的1772年、1793年和1795年，波兰先后三次被普鲁士、奥地利、沙皇俄国瓜分。在1815年维也纳会议之后，瓜分波兰的主谋者沙皇俄国又获得了普鲁士和奥地利所占领土的绝大部分，从而统治了整个波兰，沙皇本人自封为波兰国王。

这之后，波兰人民为了获得自由解放，举行了多次起义，但都遭到了沙俄的残酷镇压。在1863年，波兰人民又进行了一

俄　国

次努力，他们在15个地方同时举行起义，声势十分浩大。然而，由于缺乏先进的武器，起义的人们只能拿着镰刀、木棍去对抗沙皇军队的骑兵和火枪。虽然经历了18个月的奋战，起义还是彻底失败了。在波兰首都华沙的城外，俄国统治者竖起了5个绞刑架，将起义者首领们的尸体悬挂在那里。

在这次起义之后，沙皇俄国对波兰采取了更加严酷的统治手段，企图让波兰人民彻底屈服。他们派遣了大批警察、教师和官吏来到波兰，监视波兰人民的生活。谁敢反对俄国统治者，谁就要被处死或者流放。他们还下令把俄语定为波兰的官方语言，禁止当地人使用波兰语，命令波兰的孩子在学校里必须讲俄语。在教师提问的时候，孩子们不仅要尽快回答，还必须把回答翻译成俄语，一旦出错，就会受到处罚。沙皇还下令查禁了许多波兰书籍，特别是那些关于波兰英雄、波兰历史和波兰文学的书籍。被发现看这些书的人，通通要坐牢。

姐姐之死

在玛丽两岁时，父亲借着担任副督学的机会，举家迁入公家宿舍；母亲也辞去女子学校校长的职位，在家相夫教子，料理杂务。

母亲的气质高雅，她一早起床总是先穿戴整齐，然后开始为五个孩子忙得团团转，谁也看不出她的病情渐渐恶化，身体日益衰弱。

由于疲劳，一到夜里，她就会不断地发出无力的咳嗽声。

父亲最了解她的身体，因此每当全家聚集晚祷时，他一定向神祷告："神啊！求你赐给她健康吧！"

8 岁时玛丽大姐去世，家人参加葬礼

玛丽的父亲虽然身兼副督学及中学教师两职，却常常为张罗五个孩子的学费而奔走。因此，玛丽的母亲只好学着缝制鞋子。她弯着腰，拿着针线做活儿，身体怎么支撑得了呢?

“玛丽，你瞧，鞋子好漂亮哦，这是妈做给你穿的!”

直到后来，玛丽都不曾忘记这一幕。那时，她跨坐在父亲的膝盖上，看着母亲缝鞋子呢!

回想起来，母亲为他们缝制鞋子的那段时光，真还称得上是幸福的岁月。

后来，母亲的病情更加恶化了。医生劝她离开华沙到乡间疗养。几经磋商，母亲终于决定由长女罗莎陪她到法国尼斯养病。

临行之际，母亲搂着玛丽说：“要乖哦，玛丽。妈去养病，身体好些就会回来的，你要听话哦。”

玛丽点点头，以为母亲很快就会回来。但是，母亲回来时，已是一年后的事了。

原本高贵美丽的母亲，一年未见，竟变得如此消瘦、憔悴。玛丽真不敢相信，眼前的人就是她的母亲!

从此，玛丽一家就笼罩在不幸的阴影里。

玛丽的父亲斯科罗特夫斯基是个刚正不阿的人，有着高度的社会责任感和道德心，可是他身上的这股浩然正气，却让他付出了不少的代价。

事情的起因是他所在学校的校长伊凡诺夫。这个伊凡诺夫也是俄国人在学校安插的督学。他整天无所事事，对教学工作一窍不通，却总是盯着学生和老师们的一言一行，并借机找茬。一次，有个学生因为写错了俄语语法而被他处罚。斯科罗特夫斯基实在看不下去了，就为那个可怜的孩子辩解说：“伊凡诺夫先生，请您原谅他，孩子不是故意的，他是疏忽了——可是您不也在写俄文的时候疏忽过吗？我相信这个孩子和您犯错时一样，都不是故意的。”

他的这番话惹怒了校长，一个没有任何背景的老师，怎么敢和高高在上的校长顶嘴？校长决定要好好整治一下这个不知道天高地厚的老师。

1873 年，玛丽 6 岁那年的秋天，全家刚从乡间度完暑假返回公家宿舍，准备为新学期的来临而忙碌，赫然发现父亲桌上有一纸公文。

父亲阅毕之后，神情骤变。原来，当局决定收回公家宿舍，革除父亲副督学一职，并减少薪水。理由何在？父亲心里明白。因此，即使提出抗议，也是枉然。从此，玛丽一家人都将处于无国无家的惨境了。

当局催他们尽快搬家。仓促之下，他们只好先搬到一个简陋的小房子里。一两个月后，又搬到距离中学不远的一幢小公寓内。但是，安身之后又将如何呢？

斯科罗特夫斯基失去了在中学的督学工作，薪水削减得不敷一家的生活，只好动用微薄的存款，转眼间储蓄也将告罄。

而且这几年为了给妻子治病，家里财务频频出现赤字。为了缓解经济上的压力，斯科罗特夫斯基不得不考虑别的出路。这时候，他有一个做生意的亲戚向他游说一种蒸汽机器，亲戚将这种机器吹捧得天花乱坠，称它为“神奇的蒸汽机”，号称如果对它投资的话，将会获得巨大的收益。斯科罗特夫斯基向来谨慎，可是这次却动摇了。他东拼西凑了三万卢布，投资到了这批机器上，但是由于不善经营，这三万块卢布全部损失在了这场失败的投资中。这对家里来说无疑是雪上加霜。

玛丽的父亲只好担任两三个学生的家教，后来甚至增至十来个左右，并让他们住到自己家里来。

他是多么痛苦啊！为了照顾这十来个学生，必须牺牲全家共享天伦的机会，还得抚育五个孩子，并且为了筹措妻子的医药费而伤神。

到了这种地步，命运之神仍然不肯放过这一家人。

1876 年 1 月，有一位同住的学生罹患了伤寒，罗莎和布洛妮亚也被感染了。

环境经过消毒，病童也被隔离，一两个星期过去了，接下来该怎么办呢？

在玛丽幼小的心灵中，感到一股恐惧。她向神祈祷：“神啊，求你赶快治好罗莎和布洛妮亚的病吧，求求你！”

但是，祷告并没有灵验。一个星期三的早上，父亲神情哀伤地把约瑟夫、希拉和玛丽叫来，说道：“你们都到罗莎房里去吧，但不要吵着她，放小声点。”

于是，他们三人跟随在父亲背后，走进罗莎的房间。布洛妮亚已被抱到隔壁，床上只躺着罗莎一个人。

酷似母亲的罗莎，瘦骨嶙峋、面无血色，紧抿的嘴唇仿佛含着笑意。她穿着纯白的衣裳，双手交握在胸前，闭着眼睛似乎在沉睡。

“啊，罗莎姐姐死了？”妈妈不在家时，最疼自己的就是罗莎；会说有趣的故事，又会轻声唱赞美歌的罗莎——她就这样死了吗？这真叫玛丽不敢相信。

16 岁的姐姐被放入棺木那一刹那的情景，深深地烙印在玛丽的心扉上。

这时的玛丽才8岁，但却已体会到生离死别的悲哀。

“神为什么不听我祷告呢?”玛丽把白色的康乃馨和洋娃娃放进姐姐的棺木中，嘤嘤啜泣起来。

罗莎出殡那天，华沙的天空一片阴霾，浓云笼罩着大地，还刮着刺骨的寒风。

玛丽身穿黑色披肩，由父亲牵着，跟在灵车后面。这是她最后一次和姐姐同行了。

母亲病势已很严重，无法参加女儿的丧礼。玛丽在送殡的行列中回首一望，只见身穿黑衣的母亲，正倚在窗口拭泪，伤心涕泣地目送罗莎的灵柩离去。

在此后的两年之间，母亲的病情毫无起色。上了学的玛丽每学期成绩优异都得到优等奖。母亲总是高兴地说：“你好棒啊，玛丽。”

每天早上，玛丽都要和女管家及希拉、布洛妮亚去教堂。这座教堂的建筑风格与众不同，是以红色石头造成的，呈楼梯型，塔则是四角形的；教堂的影子映在河中，也映在华沙居民的脑海里。

女管家带着她们进入这座哥特式的教堂，打开厚重的一扇门，里面幽黑一片，高高的彩色玻璃窗上，绘有圣女像。

教堂的正面是高起的布道台，桌上点着蜡烛，在烛影摇曳中，隐约可见布道台后面金黄色的十字架。

这座坐落于米亚斯特广场的教堂，和街道繁华的情景相较，仿如另一个世界。在这教堂里，玛丽总觉得神似乎在她的面前。此时，女管家、希拉、布洛妮亚和玛丽一起跪在布道台前的黑色地毯上，低头轻声向神祈祷：“神啊，请保佑母亲的病快快痊

玛丽父亲的书房

愈吧!”

没事时，除了读书，玛丽还喜欢去父亲的书房玩。斯科罗特夫斯基拥有一间漂亮的书房，这里是最整洁和干净的地方。房间里有桃木做的大写字台，有盖着红色天鹅绒的摇椅。屋子尽头的墙上挂着圣母的画像，旁边的架子上放着装饰有法国国王路易十八头像的蓝色赛夫勒瓷杯，还有座翠绿色孔雀石的座钟。屋子的角落里是一个装有玻璃的书橱，透过干净的玻璃可以看到摆在架子上的小天平、玻璃管和一些矿物质标本，甚至还有一个金铂验电器——这些都是斯科罗特夫斯基给学生们上课用的仪器。

“这是什么?”有一次，玛丽指着天平好奇地问父亲。

“我的孩子，这是物理仪器。”斯科罗特夫斯基慈爱地回答。

“物理仪器?”小玛丽还不能完全理解这个陌生词汇的含义，但是这个东西却在她的脑海里扎下了根。这不知道算不算是上帝给她安排的惊鸿一瞥，玛丽当时并不知道，她的一生将与这些东西深深地结缘。

没有母亲的家

1878 年，漫长的寒冬终于过去了，又到了春暖花开的时节。

而后，梅花凋残、结成青黄色的果子时，杜鹃鸟在森林里啼叫，苹果花也正含苞待放，随着徐徐吹来的轻风，金色的 5 月就快来临了。

5 月、6 月是波兰气候最宜人的季节，苍穹一碧如洗，阳光

5 月、6 月份风光美丽的华沙

洒满了大地。

家家户户门窗大开，任清风和阳光吹洒着屋子，更有人悠闲地在屋外晒着太阳。公园里的花朵万紫千红、争奇斗艳，小鸟也吟唱着快乐的春之歌。

但是，对玛丽一家来说，今年的春天来得特别迟。

历经严冬，母亲的身体愈加衰弱，只能靠着暖炉，无力地坐在安乐椅上，什么活儿都无法做了；而且食欲骤减、脸色极坏，并不停地痛苦咳嗽着。医生只是提醒家人要多留神，全无一句令他们安心的话。

没母亲照顾的小玛丽

身体羸弱的母亲，有一阵子却突然精神大振，或许这就是回光返照吧，玛丽的母亲知道自己就快离开她所挚爱的子女和丈夫了。

杜鹃长啼，微风轻吹，但玛丽家的门窗却紧闭着，好像有一种比酷寒更沉重的空气笼罩着他们。

5 月 9 日早上。医生为病人把过脉后，说道："祈求神的祝福吧！"然后起身，把位子让给牧师。

父亲、哥哥、姐姐和玛丽，全都围在母亲床前。在这最后的时刻，母亲看起来有一股凄恻的美。

她伸出骨瘦如柴的手，与家人一一握别；当她最后握住玛丽的手时，一颗清澈的泪珠儿在脸颊闪烁，随后无声无息地滴落在枕头上。

“玛——丽——”母亲似乎用尽全力才喊出来。

玛丽不禁泪如泉涌。她想喊声“妈妈”，可是，声音哽在喉头，一句话也说不出来。

这时，母亲又环视家人，轻轻地说：“我爱你们……别了……”说罢，安详地闭上了双眼。

大家都哭了。哀伤的哭声，在房中回荡，玛丽还紧握着母亲的手不放。

“啊！罗莎姐姐走了，现在连妈妈也走了。神为什么不理会我的祷告！还是从我身畔将她们夺走？我不再信神了！”10 岁的玛丽，由于生离死别的痛苦，不禁对神萌生出了反抗之心。

生活因为灾难而变成了灰色，但生活总要继续下去。生命中的两个重要亲人都不在了，但斯科罗特夫斯基一家必须在今后漫长而孤独的岁月里顽强地走下去。

斯科罗特夫斯基和三个女儿玛丽、布洛妮亚、希拉（左起）

1882 年，斯科罗特夫斯基找到了新的住处，带领着孩子搬出了那个带给他们噩梦般回忆的伤心之地。新房子在来思诺路，比以前的房子宽敞明亮得多，有爬满葡萄藤的阳台，还有可以喂养鸽子的独立的小院子。一家人住在开阔宽敞的二楼，一楼是给寄宿生们上课的地方。这样，孩子们无论是学习还是生活都不用再像从前那样和一群吵吵闹闹的寄宿生在一起了。这让玛丽感到非常惬意，毕竟，自己有了独立完整的房间，这才像个真正的家啊！

早餐时间到了，孩子们欢呼着围坐在一起，开始享受美味的早餐。早点丰富极了，黄油、面包片、波兰腊肠、牛奶、果汁……孩子们还把上午在学校休息时要吃的零食装在各自的食品袋里：一块小面包，一个苹果，一小根腊肠——约瑟夫可从来不带这些课间餐，他觉得零食是只有女孩子才喜欢的东西。孩子们都长大了，个个出类拔萃，这是几年来支撑着斯科罗夫特斯基对生活和环境保持信心的原因。

布洛妮亚一年前中学毕业，成绩优异，得到了一枚金章；希拉是学校的校花，有着修长的身材，秀丽的长发，迷人的眼睛，时时刻刻都是男孩子们眼中的焦点；家中唯一的男孩约瑟夫更是优秀，高大健壮的身材展示了男孩儿初长成的魅力，并且和布洛妮亚一样学业优异，中学毕业时也得到一枚金质奖章，而且最令人高兴和最让他的姐妹羡慕的是，他可以继续在大学医学院深造，这是沙皇政府统治下的男人们才享有的权利；至于玛丽，这是个让父亲骄傲的孩子，她已进入中学，以极其聪明的头脑和严谨的学习态度博得了大家的赞赏。老师们总是惊诧这个小姑娘似乎脑子里有台记忆机器，她几乎能对所有的知识过目不忘；同学们则对这个每次考试总是拿满分的女同学啧啧称赞。

玛丽有一点让他们最为佩服，那就是她学习时的专注。一旦她的精力集中起来，大脑高速运转，就会对周围的一切置之不理。不管周围怎么吵闹，也分散不了她的注意力。

有一次，玛丽在做功课，她的姐姐和朋友决定捉弄她一番，故意在她面前唱歌、跳舞、做游戏。玛丽就像没看见、没听见一样，始终在专心致志地看书。姐姐和同学想试探她一下，于是悄悄地在玛丽身后像搭积木似的搭起几张凳子，只要她一动，凳子就会倒下来。大家纷纷屏息凝视，等着看玛丽的大笑话。时间一分一秒地过去了，玛丽像雕像一般仍然保持着那个姿势，坐在一大堆椅子中间，把头埋在她的世界中，倒是她周围的人已经等得失去了耐心，焦躁得不行。大约过了一个小时，当玛丽合上书，抬头起身时，肩膀撞到了一旁的凳子，哗啦啦，凳子全塌了。

“耶!”在旁边早就等得不耐烦的姐姐们为自己的阴谋得逞而兴奋起来，并迅速摆好要逃跑的架势，以防玛丽找她们算账。可是玛丽并没有生气，也没有吃惊。她只是揉揉肩，看了看那帮兴奋的人们，轻轻地说了三个字：“真无聊!”姐姐们顿时目瞪口呆。

玛丽这种严肃、不喜欢开玩笑的个性在孩提时就已经形成，并且伴随了她的一生。弗朗索瓦兹·纪荷在为她所作的传记《居里夫人——寂寞而骄傲的一生》第一部分中这样介绍：“居里夫人年轻时便不喜欢别人恶作剧，成年以后仍是这样。她放不开，全无幽默感，任何事情都严肃看待，尤其是对待自己，这样的天性可能不会被别人喜欢，但这常常是支撑她的力量。在大多数女孩子都爱站在镜子前面做白日梦、试扎各种发带的时候，居里夫人却将一头卷发剪短，以表示她对细琐小事的不屑一顾。”

玛丽有个好同学叫卡嘉。卡嘉的母亲对失去母爱的玛丽很同情，经常准备巧克力点心，等着她放学回来时和卡嘉一道吃。

每天早上，玛丽一定会来约卡嘉上学。卡嘉的母亲一见玛丽就说："早啊，玛丽。卡嘉正在穿鞋呢，你稍微等一下吧，我帮你整理头发。"

可怜的玛丽，小小年纪就失去了母爱。虽然有布洛妮亚每天帮她梳理，但是毕竟也还是个小孩，怎么整理得好呢？

卡嘉的母亲一面帮玛丽整理头发，一面想着，眼里不禁闪烁着同情之光。

玛丽的功课总是全班第一，班上许多俄国、德国和犹太血统的同学都对她十分佩服。但是学校教师和管理人员对波兰学生的敌视态度，让玛丽感到切身的痛苦。对俄国统治者共同仇恨的好友卡嘉，这两个女孩子常常相约一起上学，共度这段痛苦的时光。

在上学的路上，她们会路过萨克斯广场。那里竖着一座壮丽的方尖碑，上面刻着几个大字："纪念效忠于皇帝的波兰人。"这是沙皇给那些奴颜婢膝的波兰人的"礼物"。波兰人都很厌恶这个东西，玛丽和卡嘉每次经过它时，都会像其他波兰人一样对雕塑吐一口唾沫。她们还常常谈论学校的教导主任梅耶小姐。这位教导主任总是穿着一双走路时不出声音的软底鞋，以便在学生们说话的时候无声无息地走到他们的身边。玛丽厌恶地说："在老师中像梅耶小姐这样的人还不止一个，这些人哪里是来教书的，完全是来监视我们的。"

不久之后，玛丽因为表现出对俄国统治者的怨恨而遭到了校方的训斥。那是 1881 年 3 月的一天，报纸刊登出头号新闻：俄国皇帝亚历山大二世被暗杀。

亚历山大二世

“万岁！”玛丽和卡嘉快乐地欢呼着，情不自禁地拥抱在一起，在课桌间跳舞。那时，全国上下正被迫为沙皇去世而服丧。

穿着平底鞋的教导主任梅耶小姐突然闯入教室，声嘶力竭地吼道：

“你们快给我停下来！今天是全俄国的悲痛日，伟大的俄国皇帝陛下去世，你们应该感到沉痛！可你们竟在这里跳舞，成何体统！说！这是为什么？”

回到家里，玛丽一下子扑到爸爸怀里哭了起来：

“请原谅，爸爸……”

爸爸慈祥地抚摸着玛丽的后背。他想，玛丽如果出生在其他国家，应该过着愉快的学生生活。可现在……

一天，上地理课时，玛丽看见同学莱欧妮·库妮茨卡眼泪汪汪的，清秀的面孔毫无血色。原来，库妮茨卡的哥哥和同伴策划推翻俄国统治的活动，结果被人告发了，俄国人明天一早就要绞死她的哥哥。玛丽惊呆了，她似乎看到了那个男孩年轻的脸，看见了绞架、刽子手、绞索……

那一晚，她和卡嘉都没去上跳舞课。玛丽、希拉、布洛妮亚、卡嘉都守在库妮茨卡的屋子里，守在她的身边。其实她们也帮不上什么忙，只能为她分担悲伤。她们流着泪，温柔亲切地照料着痛苦的库妮茨卡，为她擦拭泪水，劝她喝一点热茶。

1883 年 6 月 12 日，玛丽以第一名的成绩，于克拉克区公立女子高级中学毕业。

在闷热异常的天气里，毕业生按照传统，穿着黑色礼服，胸前佩戴一朵蔷薇。在乐队的演奏下，校歌扬起，毕业典礼开始了。

他们一面唱着校歌，一面回忆在校期间令人喜悦、伤心的往事。

校歌唱毕，开始报告受奖者的名单。玛丽是第一个从校长手中接过奖品、金牌和一本俄文书籍的学生。

接着，师长对毕业生致贺辞。最后，由玛丽代表毕业生致谢辞。

玛丽中学毕业典礼

典礼结束了，同学们步出礼堂，三五成群地在校园中漫步。

“玛丽，以后要常写信联络啊！”

“好啊，你也一样噢！”

“有空来找我啊！”

大伙儿边走边聊，离情依依，不知不觉已经走到校门口，于是互道珍重，各奔前程。

玛丽心想，得了最优等金牌，不知爸爸会有多高兴！可惜妈妈不在了，要不然……一想起母亲，玛丽心情就黯淡了下来。可是再想起今早出门时布洛妮亚说的话，“玛丽，你一定会得到金牌奖的。我偷偷地做了一个金牌型的饼，喏，给你吃。”想到这，玛丽的脸上不禁又漾出了笑容。

然而，眼看着成绩不如她的同学马上要到国外去留学，玛丽的情绪又骤然陷入了低潮。

“我也好想去巴黎读书啊，可是连已经毕业的布洛妮亚都不能去，我怎么能去呢？让约瑟夫哥哥读医科大学，爸爸的负担已经够重了。”

想着，想着，突然后面传来一阵脚步声，原来是卡嘉。

“玛丽，你怎么不等我，自己先走呢？”

“对不起，卡嘉，我实在是太难过了。”

“怎么回事，得到金牌还难过呀，到底怎么回事？”

“卡嘉，我是为了留学的事而烦恼。班上的同学有的要去巴黎，有的要去斯德哥尔摩，而我……”

“噢，我明白了。”

卡嘉和玛丽并肩而行，有一阵短暂的沉默。卡嘉好似自言自语地说：“像希拉、安、希蒙她们都不在前十名，却因为家境富裕而能够去留学，这也难怪玛丽懊恼。她一向好胜，又得了金牌，不知有什么办法可想。”

“卡嘉，这不是我个人的问题，我姐姐也很想去。”

“噢！”

两个人不禁又沉默了下来。走到十字路口时，玛丽握紧卡嘉的手说：“卡嘉，我明天到你家去玩儿好吗？”

“好啊，一定来，我等你。”

说罢，两人就分手了。玛丽一边思索着到巴黎求学的事，一边踏上归途。

第二篇　少女时代

在科学上重要的是研究出来的“东西”，不是研究者“个人”。

——居里夫人

高中毕业以后

玛丽高中毕业以后，斯科罗特夫斯基开始为女儿的前途发愁了。让玛丽做什么好呢？她还没有满 16 岁，而且身体十分单薄，现在就去工作，显然还早了一点儿。让玛丽继续深造，家里又拿不出这笔钱。

斯科罗特夫斯基先生最后决定，在玛丽选择职业之前，先让她到乡下的亲戚家里去住一年。

夏天过去，玛丽来到了克萨威尔叔叔家。

玛丽住在叔叔克萨威尔先生的家里。叔叔家有一个牧场，养着五十多匹纯种马。玛丽在这里，在堂兄姐们的帮助下，很快学会了骑马。她把长发盘起，戴上漂亮的帽子，穿着婶婶为自己改做的马裤和马靴，左手抓住缰绳，右手拿着小鞭子，神奇活泼地骑在马背上，俨然一个小骑士。

高中毕业后在叔叔家的玛丽

乡村生活让她感觉十分惬意，正如她给卡嘉的信中所说：

我已经不记得有几何和代数这些东西，我把它们全忘光了。生活在美丽的绿色世界里，无论走到哪儿都是鸟语花香，一片绿色田野，空气清新！在这样的环境中，如果精神振作不起来的话，我真有点不正常了。卡嘉，我真想让你也享受一下这里的风光，在我的一生中，说不定这是最美好的时光。没有比现在更幸福的了。

16 岁的玛丽与伙伴在乡间划雪橇

她和三个堂姐妹一起，穿着农村姑娘鲜艳的服装，戴着面具，去参加一种叫“库立格”的舞会，那也是在狂欢节举行的一种周游各地的特殊旅行。

她们坐在雪橇上，在黑夜中驶过雪地。小伙子们穿着彩衣，骑着马在车辆左右奔跑，一面欢呼，一面挥舞着火把。玛丽觉得自己简直置身在童话里。

另外一辆雪橇驶到她们面前，上面坐着几位乐师，用小提琴演奏着醉人的波兰民间舞曲，克拉科维亚克、马祖卡或华尔兹。雪橇颠簸着，经过结冰的斜坡时滑得令人晕眩，但他们手中的弓从来不会拉错一下。

这支队伍停在一幢房子前，好客的主人在笑声和快乐的喧哗声中走出来，对来客表示欢迎，然后把这一群人引进家里。

乐师们奏起舞曲，青年们欢呼着，在前厅里翩翩起舞。

他们受到热情的款待，接着又去另一位朋友家，之后又访问了第三家和第四家，而主人们也跟着他们的客人一道上路。

太阳升起来了，雪橇还响着铃铛继续驰过积雪覆盖的田野。精神焕发的人们再一次到一户人家做客，然后又向前驶去。

直到第二夜，这队雪橇才在这一地区最大的房子前停住，“真正的舞会”将在这里举行。

小伙子们和姑娘们有说有笑地拥进大厅，乐师们演奏起乐曲。随着小提琴那热烈动人的旋律，16 岁的玛丽迈着轻快的舞步在地板上舞动着，直跳到天亮鞋底被磨穿。

玛丽写信给卡嘉说：

> 我们想起什么就干什么；有时夜里睡，有时白天睡；我们跳舞，我们淘气；照我们吵闹的程度，简直应该把我们关进疯人院里……

一年后，玛丽回到华沙。父亲已经日渐衰老，他虽然继续在学校里教课，但家里已不再招收寄宿生。玛丽为了补贴家用，想找个孩子开始教书赚钱。她贴出这样的广告：“有文凭的青年女士讲授代数、几何、法语，授课费低廉。”很快就有好多家长跟玛丽联系。

玛丽很幸运地找到了工作，但是钟点费只有半个卢布，这样她不得不多兼几个家教。

无论是大雨倾盆的日子，还是寒风凛冽的严冬，她都必须遵守约定的时间，一家一家地去上课。她几乎跑遍了整个华沙，每天奔波得筋疲力尽。

这对玛丽来说，实在是一件辛苦的工作，可是坚强的她却没有半句怨言。

这段时期，使玛丽最感头疼的不是华沙的广阔，也不是气候的恶劣，而是学生的调皮捣蛋、不用功。玛丽自小学一年级起，始终在班级上保持第一名，因此她对这些顽劣的孩子实在感到无奈。

这些孩子大都缺乏管教，和他们有钱有势的父母一样，视老师如奴仆，一点都不懂得尊重老师。

家长恶劣的态度，也令玛丽不愉快。每当玛丽偶尔迟到几分钟，他们就会冷言冷语地说：“我还以为你今天不来了呢！”或是说：“等了好久，你一直不来，孩子们都出去玩了。我们请你来教课是要付钱的，希望你以后要准时。”

有时候，玛丽准时来到，学生却不在。家长就说：“小孩子嘛，要小孩遵守时间太为难他们了。你再等一下吧，他们马上就会回来的。”

听了这番话，玛丽只好守在没有暖气设备的房间内苦苦等候。但是，这样是会耽误下一个学生上课时间的啊，这怎不令玛丽心焦呢？不仅如此，那些家长好似存心整人似的，总不会如期付薪，使得玛丽经常捉襟见肘，真是欲哭无泪。

这实在是一件必须具备相当体力和耐力才能胜任的工作。从小在不幸的际遇中不断接受磨炼，并且在涵养甚高的父亲管教之下，玛丽是够坚强的了，这种事根本难不倒她。

然而，玛丽却没有因此而过分痛苦。因为在这个时期，玛丽除了从事私人授课的工作，还过着一种激动人心的秘密生活。

由于长期的民族压迫，当时的一些波兰青年在安排人生计划的时候，为祖国服务的愿望总在个人的抱负之上。同时，他们认为艺术对救国的帮助不大，所以他们崇拜科学家，把化学、生物学列在文学等艺术学科之上。他们认为，侵略者千方百计想使波兰人变得愚昧，他们就必须发展文化教育，来反抗沙俄的压迫。于是，他们创办了秘密学校“流动大学”，组织青年学生学习知识。

玛丽和两个姐姐一起参加了“流动大学”。这个组织有定期的聚会，有一些教师为他们秘密讲授解剖学、社会学等学科。他们聚在一起讨论学到的东西，传阅科技小册子和论文。这样，一方面增加了青年们的知识，另一方面培养了他们对祖国的信心。

四十年后，居里夫人回忆这段时光时说：“这种活动的方式其实并不高明，所得的效果也很有限，但我仍然相信，当时我们确立的观念是唯一能促进波兰社会真正进步的。我们不能指望不使个人进步，就可以建设一个比较好的世界。为了这个目的，我们每个人必须努力设法让自己达到尽善尽美的程度。同时我们还接受了作为社会成员的特殊义务——看我们的力量对于哪些人最有用，就去帮助哪些人。”

“流动大学”的任务，不只是加强像玛丽这样中学文化程度的青年的教育，还担负着传播知识的责任。玛丽就承担了为一家缝纫厂女工读书的工作。她一本本地搜集波兰文的书籍，办了一个小型图书馆，供女工们学习。

“流动大学”这种特殊的生活，使玛丽更加感到了自己应该担负的责任。

为了资助姐姐留学

这段时期，玛丽发现姐姐布洛妮亚十分苦闷。原来，布洛妮亚高中毕业后，一直在家料理家务。她最大的愿望是到巴黎学医，然后回到波兰开家乡间诊所。可留学国外的费用太高了，以现在的收入怎么可能呢？

玛丽虽然是家里最小的女儿，但看到姐姐有心事，她觉得自己有责任帮助姐姐。其实她也无数次梦想到索邦大学（巴黎大学神学院、理学院和文学院的总称）去学习，然后回到华沙，做一名从事教育工作的教师。

布洛妮亚在做家庭主妇的同时，也教了几个学生，攒下了一点钱。一天，她又在计算有多少积蓄的时候，玛丽走过来，对姐姐说道：

“姐姐，我们算算看，你节省下来的钱，够你在巴黎住几个月？”

“足够旅费和大学医学院一年的费用。可是你知道，医学院要读五年才能毕业。”

“是啊，布洛妮亚，可是我们工作一小时只能赚半卢布，想要攒够钱是不可能的。”

“那你觉得应该怎么办呢？”

“怎么办？我们可以联合起来。如果我们各自奋斗，那就谁也去不了。如果照我的计划办，说不定再过几个月，你秋天就可以动身去巴黎了。”

“玛丽，你疯了！”

为了实现和姐姐定下的计划，玛丽必须挑起生活的重担，向自己的少女时代挥手告别。

这一天是1886年1月1日。

在布洛妮亚离开以后，玛丽为了负担姐姐和家庭的花销，开始去职业介绍所寻找长期的家庭教师工作。经过一番选择，玛丽接受了一位律师夫人的邀请，成为一个8岁女孩儿和一个6岁男孩儿的家庭教师。

玛丽第一次与家人离别

火车缓缓地开动了，

玛丽把身子探出窗外，紧紧地握住父亲的手。

“爸爸，您多保重啊！”

“你也一样啊，玛丽。”

父亲随火车跑了两三步，终于依依不舍地放开了手。

再也看不见父亲在月台上挥别的影子时，玛丽关上窗子，坐了下来，此时，一直强忍着的泪水终于滚滚落下。

她从口袋里掏出一条白手绢，悄悄地拭去泪水，然后好像担心别人看见哭红的双眼似的，把脸侧向窗外。

往后飞驰的街景、屋顶以及教堂尖塔上都覆盖着厚重的雪，大地静悄悄的，好似沉睡一般。

“我暂时要和可爱的故乡华沙分别了。”玛丽心中暗暗想着，涌起一股离情别绪。

对玛丽来说，这是她头一次单独出远门，而且是要到一个全然陌生的家庭去。

车厢里挤满了新春休假的人潮，洋溢着喧哗热闹的气氛。可是孤寂的玛丽，心情却像窗外的积雪一般沉重。

她脑海中不禁又浮现刚才月台上和父亲分离的那一幕；同时住在诺巴里普基街公寓的哥哥约瑟夫、姐姐希拉的影子，也像泡沫般地在她脑海中涌起、消散……最后，姐姐布洛妮亚的一头金色秀发，也在她心里刻下了怀念的印子。

“布洛妮亚，此刻你正在巴黎做些什么呢？一定身无分文，生活艰苦吧？啊，为了你，我应该坚强起来。”

玛丽一想起布洛妮亚，就竭力勉励自己，不要太软弱了。

在兄弟姐妹当中，她俩最为要好。她们都嗜书如命，成绩优异，并且毕业于同一所公立高等女子学校。她们都渴望能够继续深造，但是，当时华沙并无女子大学，想求学的人都必须到俄国、瑞典或法国去，当然，没有钱的人家是负担不起异国的学费和生活费的。

布洛妮亚和玛丽的同学中，有许多人早已经去留学了。在外国的大学中，法国首都巴黎的学府是最令人向往的。但是到那里读书，要花费一笔为数不少的钱。

虽然艰苦的日子像箭一般地飞驰着，但是玛丽和布洛妮亚攒钱升学的理想并没有实现。布洛妮亚已经20岁了，再这样下去，她会失去到巴黎留学的机会的。玛丽为了姐姐的前途，经过再三考虑，有一天晚上，她终于找布洛妮亚长谈了。

“姐姐，我有件事想和你商量一下。”

“什么事呀？玛丽。”

“是关于你留学的事。我们拼命工作，却没存几个钱，再这样下去，等年纪超过了，是会失去留学机会的，所以你必须赶紧到巴黎去读书。你估计一下，以你个人目前所有的钱，大概可以维持多久？”

“以我的存款来说，扣除华沙到巴黎的旅费之外，大约还可维持一年。”

“你想读医学院，对吗？读医学院需要五年，那么就只要再筹措四年的学费就可以了。”

布洛妮亚以迷惑不安的眼神凝望着玛丽。

“你赶快到巴黎参加秋季入学考试。下一年的学费，我一定会寄给你。”

“你胡说些什么呀？玛丽！”布洛妮亚简直被搅糊涂了。

“姐姐，我并没有胡说呀！我是觉得如果咱们俩都要去留学，最好不要个别努力，应该彼此轮流帮助。你先读书，由我为你筹措学费，五年后，等你毕业，当了医生，那时再由你来帮助我，怎么样？这个办法不错吧？你现在就去，还赶得上呢！”

说着说着，不知何时，姐妹俩已紧紧地拥抱在一起，姐姐的神情激动万分。

“谢谢你，玛丽。”

对于妹妹这番恳挚的计划，布洛妮亚非常感动，她抱住了玛丽，泪水夺眶而出。

“玛丽，你的好意我心领了。你想想看，你赚的钱贴补家用都不够，若是全数都寄给我，家里怎么办呢？”

“姐姐，这事你不用担心，我早就和爸爸商量过了……我有一个攒钱的机会，也许刚开始，爸爸会累一点，但是他已经答应了。”

“寄钱给我，还能存点钱？你不是说梦话吧？”

“不，这是事实，不是做梦。我不是要像以前那样到处兼家教；现在我打算住在别人家里，这样不仅不愁食宿问题，可省下许多开支，而且一年还能领到400卢布。前些日子我到职业介绍所去，运气很好，找到了一个很合适的工作。姐姐，你看。”玛丽从一本书中抽出一张纸，递给布洛妮亚。这是职业介绍所的通知单。

台端应征一事，谨列资料如下：

一、布朗律师拟征求住宿家庭教师，条件与台端所提吻合，请径自前去拜候。

二、年薪400卢布。

三、职种：住宿家庭教师。

玛丽接着又说：“收到通知单，我立刻就去拜访布朗夫人，可是我觉得……”

“觉得怎么样?”

“……我觉得很失望。她就像是小说里描绘的暴发户一样，蛮横无理。我觉得自己并不适合待在那种环境里，但是想了一下，反正以前我所到过的人家也是那种态度，所以对他们的不讲理，我早就习以为常了，应当还可以忍受。只是，那时就不能再和爸爸、姐姐们住在一起了，会比较寂寞些……但是我这样做，可以为你筹措学费呀，姐姐，你还是早一点到巴黎去吧!”

玛丽（居里夫人）与姐姐布洛妮亚

布洛妮亚情不自禁地握紧玛丽的手，说道：“啊！玛丽，我可爱的妹妹，为了我，你竟肯这样牺牲你自己。”

深受感动的布洛妮亚，眼角闪烁的晶莹泪光，轻轻地滴落在玛丽金色的秀发上。

“玛丽，谢谢你，还是把那份工作让给我吧！你先去巴黎读书好吗？在我们兄弟姊妹当中，你最聪明，成绩也最优秀，去吧，这样子爸爸和已经过世的妈妈都会感到高兴的。”

玛丽仰起头，凝视着布洛妮亚：“你说什么呀？姐姐，我才

16 岁，而你却已经 20 岁。还是你先去，等你毕了业，当了医生，那时你再供我读书好了。何况，我已经答应布朗夫人后天就去上班呢!”

既然玛丽心意已决，布洛妮亚也只有听她的话，打点行装，前往在她心目中向往已久的巴黎。

于是，这对感情深挚的姐妹分离了。布洛妮亚到巴黎大学文理学院就读，玛丽到布朗律师家任教。可是，玛丽在布朗家的生活实在是太痛苦了，这点从她的日记中就可以看得出来：

> 我过的日子就像囚犯一般。即使对一个具有血海深仇的大敌，我们也不会让她住在连地狱都不如的地方，布朗夫人待我真是太苛刻了。
>
> 布朗家完全一副暴发户的作风，斤斤计较于灯油等日用品，在物质享受上却挥金如土；家里用了五个像奴隶般的仆人，却又标榜自己是个人道主义者。他们的修养实在够不上任何水准，还经常说人是非、道人长短。
>
> 我住进了这个家庭，才了解人究竟是怎样的动物。可悲，这是我来此的唯一收获。

对年轻、纯洁、不知人间有黑暗面的玛丽来说，这个家庭使她觉得一切希望全都归于幻灭。更糟的是，对方连薪水也没有如约支付。

虽然是免费提供食宿，但是日常用品却必须自掏腰包，往往一个月下来薪水已经所剩无几了。

这样下去，布洛妮亚的学费怎么办？贴补家用的钱从哪里

玛丽坐着雪橇来到斯邱基村

来？每天晚上，玛丽经常为这些问题辗转反侧，不能成眠。

巧的是，这时，玛丽的一个朋友出现了，她告诉玛丽，距华沙北方一百公里处，有一个叫作斯邱基的小村，那里有一位公爵的土地管理人，打算请个家庭教师，年薪500卢布。

玛丽虽然跃跃欲试，可是又想起到斯邱基那么遥远的地方去，不知要何时才能和家人见面，那将是多么寂寞的生活呀！话说回来，待在斯邱基那种穷乡僻壤也有好处，可以省下不少钱，并且远离城市的喧嚣。生活在森林、田园环绕的大自然中，不但能使心情开朗，还能趁机多读一点书，何况年薪也多了100卢布，可以寄更多钱给布洛妮亚；再说，这也是离开布朗家的绝好机会。于是，她和居住了十六年的故乡华沙挥别了。

这是她有生以来首次远离家门，今后若想看看家人、享享天伦之乐，都比较难了。因为，从华沙到斯邱基总共要搭乘三个小时的火车，再转坐四个小时的雪橇。

坐在车厢内的玛丽孤寂之情油然而生。她不断地想着："如果新主人也和布朗先生一样怎么办？父亲万一生病了怎么办？啊！我应该找一个距家近一点的工作才对。"

想着，想着，玛丽把脸颊紧贴在夜车冰冷的玻璃窗上，一边擦拭着不断涌出的泪水，玻璃窗模糊了……

忙碌的家庭教师

不久，夜车抵达了寒冷的乡间火车站。

玛丽和三两个乘客步出了车站，然后坐上雪橇，穿过森林，越过草原，进入了人烟寂寥的小路。

周围一片空旷：走两个小时的路程仿佛已经走了五个小时，玛丽不禁有点瑟缩、害怕。最后终于抵达了斯邱基村的兹希洛夫家。此时，又冷又饿、疲惫不堪的玛丽，半晌也说不出话来。

兹希洛夫的家

她被引进了室内，房子远比她想象的好一

些。主人个子高高的，夫人气色似乎欠佳，旁边围绕着几个孩子，他们正睁着好奇的眼睛望着玛丽。

夫人端出一杯热茶，亲切地与她寒暄，玛丽不禁热泪盈眶。

到斯邱基来的第一天夜里，就这样过去了。那晚，当她被带进二楼的客房时，累得来不及更衣就沉沉入睡了。第二天清晨醒来，精神总算好多了。

玛丽披上衬衣，打开窗帘往南面的窗外探首一望，不禁惊呼一声，愣在一旁。窗外的景色真是太出乎玛丽意料了。

从窗户往外眺望，正前方有一座大工厂，高耸入云的烟囱，正喷冒着浓浊的黑烟污染着周遭的一切。悠闲雅致的田园风光呢？牛羊吃草嬉逐的牧场呢？森林远方依稀可见的教堂尖塔呢？玛丽的憧憬刹那间化为泡影。此地，不就和华沙的工厂街景一模一样吗？玛丽深深地叹了一口气。

布洛克县的斯邱基村，没有森林也没有牧场，只有一大片一望无垠的甜菜园。这是一个制糖的小村庄，秋天一到，农民们就忙着收割甜菜，然后用牛车运到糖厂加工。糖厂是用红砖砌成的，和乡间景色毫不相称，那原本清澈见底的淙淙流水，也显得污浊不堪。

兹希洛夫拥有两百亩甜菜园，也是该厂的大股东。昨夜，在黑暗中乍看他家，好像还不错，今早一看，才知道只是一座临时搭建的双层陋屋，有点类似古老陈旧的别墅，但是，和散列在周遭的农家相较，已相当不错了。他称得上是斯邱基村的富有人家，房屋周围还有绿色的草坪和花园呢！

“昨夜睡得好吗？”进餐时，兹希洛夫夫人和蔼地问道。

她家一共有 7 个儿女。3 个男孩在华沙求学，一个 6 个月大的婴儿被女管家抱在怀里，3 岁的男孩史达斯正是调皮的时候，10 岁的安吉是个乖巧的小男生，另外一个女孩波兰卡和玛丽同年。

他们并不是个很有教养的家庭，但比起布朗律师家却好多了。主人体面而讨人喜欢，夫人心地善良而亲切，玛丽终于放下了一颗悬宕不安的心。

玛丽每天总计要上 7 个小时的课——安吉 4 小时，波兰卡 3 小时。她除了教课之外，也自修 3 个小时。

安吉是个健忘的孩子，这颇令玛丽头疼，幸亏他还乖巧，和玛丽也蛮投缘的。

波兰卡实力不错，虽然年纪和玛丽一样，却很尊敬玛丽。下课后，她经常带着玛丽到村里散步，彼此就像同窗挚友一般。这一点，滋润了玛丽寂寞的心灵。

史达斯活泼可爱，当女管家提到“神无所不在”时，他会睁大眼睛，神情紧张地问：“神会不会抓我、咬我呢?”看他那副认真的模样，实在令人忍不住发笑。

可是，当玛丽逐渐习惯这个家庭之后，发现也不尽如理想。此时，她突然想起父亲的话了：“玛丽啊，世界上没有十全十美的家庭。你要能适应任何环境，不断地忍耐、学习，才能发现真理。”

于是，玛丽终于忘却不满，决定在这里待下去了。

寂寞的时候，她就提笔写信给父亲、兄姐、同学、亲戚。他们的回信，对孤寂的玛丽来说，是最大的安慰和鼓励。

在这些亲戚朋友之中，玛丽和堂兄安里艾特最为投机，她对他几乎从不隐瞒什么。她曾经写了一封这样的信给安里艾特：

亲爱的安里艾特：

我对这份工作已经适应了。可是，每天上完7小时的课后，已疲惫万分，连自己的事都无法做好，实在很遗憾。兹希洛夫家经常有客人投宿，破坏了规律的生活，这一点令我深感懊恼。

小安吉每当有客人来时，就借机偷懒、赖床，每次都要我去打他的小屁股才肯起来。我好像是个兼女管家、母亲、老师职责于一身的人呢！

村里的人经常相聚饮酒作乐、跳舞狂欢，所以每个女孩舞艺都很精湛，但也相对地失去了乡下女孩淳朴、可爱的一面；村里的人似乎从来不读书，也不懂得思考和议论。

兹希洛夫颇为守旧，但在村中，他称得上是个比较有涵养的人，我对他颇具好感。

不管如何忙碌，我在星期日一定上教堂，绝不以头疼、感冒等做借口与神疏远。

平常我不太和村里的人谈话。如果和他们谈起子女教育的问题，会被视为好出风头。村里的人很缺乏知识教育，我常向工厂里的技师借阅杂志，但仍然觉得无法满足。

我目前最迫切的希望是：能够和朋友交换新知识，不管一天一次或一星期一次都好。

不多谈。

玛　丽

此时，玛丽的物质生活是已经安定了，但是由于求知的狂热无法获得满足，使她觉得宛如离群独居般的孤单。

生活就像是一条潺潺的溪流，虽然平静地流着，流到瀑布处，却会激起一股莫大的力量。在玛丽平凡无奇的生活里，终于也掀起了一阵狂浪。

有一天，玛丽在村里漫步，突然发现一群衣衫褴褛、头发蓬乱的孩子四处游荡着。他们都是学龄儿童，却没有一个曾上过学。

“小朋友，你们整天都这样玩儿，不去学校念书呀？”

“学校？我们都没上过学。”

居里夫人

“那么，你们是在家里读书喽？”

“读书？读什么书？”

“你们会不会写字？”

“写字？不会写字有什么关系？”

他们以毫不在乎的口气回答玛丽的问话。

玛丽觉得很难过，一回到家，便赶紧把这件事告诉波兰卡。

波兰卡说，此地的农家子弟从不上小学，也不请家庭教师，不会写字的成人也不少。村里的人不识字，自然不会阅读报纸杂志，对祖国波兰的命运当然一无所知。他们只知像牛马般地辛勤工作，在工作之余则聚在一起酗酒滋事。

这番话，令玛丽更加惊讶、伤心，她不禁对祖国波兰的前途焦虑起来。

波兰的处境，村里的人竟然一点都不知道，难道他们不是我的同胞吗？像这样下去，波兰怎么可能挣脱俄国、德国、奥地利的魔掌而独立呢？

先知先觉的波兰英雄们，为了砍断系住波兰的锁链而参加独立运动，其结果不是被送到冰天雪地的西伯利亚，就是把正义的热血喷洒在断头台上。但是，大部分的同胞，竟然不明了这个真相。玛丽不禁为祖国波兰悲惨的命运而落泪！

欧洲国家当中，最不幸的就是波兰。

1772 年，俄国、奥国、普鲁士首度联手瓜分波兰；1793 年波兰遭遇第二次瓜分；到了 1795 年又是第三次被瓜分。波兰这个国家终于从世界版图上消失了，波兰人民也步上了没有祖国的悲哀命运的道路。

尤其是华沙，这个受制于俄国的波兰首府，由一个残酷不仁的总督治理，人民的遭遇是笔墨难以形容的。学校里禁止教授波兰语，也不准以波兰语授课。凡是违反禁令的人，就被发送到遥远而寒冷的西伯利亚，有生之年都无法再回祖国来。此外，波兰的书籍全数被焚毁，波兰的报纸也禁止刊行。

玛丽的双亲原本都是贵族，由于遭受迫害、财产充公，所以玛丽不得不为了筹措学费而去当家庭教师。

虽然国运如此，爱国的人士却热血沸腾，内心深刻地烙印着“祖国独立”的坚定信念。

为了重建祖国，人人必须坚持百忍，努力充实自己；像斯邱基村里这些目不识丁的农民，怎能不令玛丽痛心呢？

思索数日之后，玛丽终于向波兰卡吐露了心中的计划。波兰卡一听，惊骇不已，直愣愣地望着玛丽。

原来，玛丽希望波兰卡帮助她，两人利用课余时间，充当这群顽童的老师，教他们拼读波兰字母。只要他们识字，自然就会阅读书报而关心国事了。虽然这是一件微乎其微的小事，但它的影响力必定会逐渐扩大；无疑的，这是一项意义深远的工作。

教波兰语是犯法的，万一风声走漏，如何是好呢？也难怪波兰卡惊恐了。

“波兰卡，为了以防万一，我们也教俄文。”

“好啊，这是个好主意。不过，不必教太多俄文，只是拿它做幌子就好。”

波兰卡表示同意。当天晚上，她们把这项计划告诉了兹希洛夫夫妇，他们感到很惊讶，但还是同意了。

第二天她们就立刻着手准备。她们分别到工厂、甜菜园说服工人和农人，好不容易才招收了十来个学生。

她们把二楼的一个房间腾出来当作教室，里面摆了一列长板凳和长桌子。此外，玛丽还自掏腰包，为他们买笔记本、铅笔；因为如果要家长花钱，他们就不来了。

上课的第一天，玛丽就感觉到这是一件相当费力的工作。上课时间一到，孩子们就从房子后面的梯子喧嚷而上，半数以上的人打着光脚，身上满是泥巴，到教室后，你推我打，乱成一团；粘着污垢、泥土的衣服，散发出阵阵令人作呕的怪味。有的孩子坐在椅子上晃来荡去，有的说说笑笑，有的敲打邻座同学的头，还有的拖着两条长长的鼻涕。他们似乎自从呱呱坠地之后，父母就任其自然地成长，全不加以管教。看到这一幕，自小接受父母良好教养的玛丽实在感慨万千。

像这种小孩，能否教得好呢？玛丽也不禁为之迷惑了。

他们不懂礼貌，不遵守教室秩序，记性也不好。对于生平未曾见过的字，也不懂得怎么去记、去了解其意义。

“他们就是咱们的波兰子弟吗？”玛丽的惨黯之情，不禁油然而生。

但是，玛丽并不因此而气馁。她依然谆谆告诫、循循善诱，还利用生物标本来加强学习的印象，波兰卡也热心地协助她。

终于，努力的心血没有白费。脏兮兮的小孩，能写、能读，还会拼自己的名字。孩子们本身的兴奋，就像自己是个学者一般。同时，孩子们的态度也逐渐转变了。

在孩子们的心目中，玛丽是全村里最伟大的人，她无所不知，不但亲切地教导他们，还会说一些有趣的故事。

“波兰的子弟，并不全都是低能儿童！”看着他们学业日渐进步，玛丽和波兰卡不禁四目相视，露出喜悦的微笑。

孩子们认字之后，也开始学做算术了，教室成为他们的乐园。这件事，不久之后就传遍了整个村落。有些家长会跑来看看孩子们上课的情形，然后满心感动地回去。

后来，学生人数逐渐增加，狭窄的教室不够使用，就只好分成两班制。因此，玛丽无论精神上还是物质上的负担都增加了。

玛丽又写信给安里艾特。

亲爱的安里艾特：

暑假时我还是留在斯邱基村，因为我连一分钱也舍不得花。我现在除了教安吉和波兰卡做功课外，兹希洛夫的儿子——那个在华沙念书的朱立克也回来了，我还得督促他读书。此外，我还义务教村里的18个小孩读书识字，每天两小时，星期三、六还一直教到傍晚，实在很辛苦。最近，他们都很用功，看到他们成绩进步，是我最大的安慰。

一天的工作告一段落之后，回到房中，身心俱疲；可是，从那时开始，才是我最重要的读书时间啊！

每天，我都忙得不可开交，我的全副精神都耗费在这些孩子身上了。一想起以前的同学们此刻正在巴黎、柏林、斯德哥尔摩的大学里攻读物理、数学、社会学时，我的心情实在难以开朗！

再谈吧。

玛　丽

初恋的地方

转眼间，玛丽已经19岁了，是个大姑娘了。她美丽高贵，曾经卷卷的短头发长成了一头迷人的金发，深邃的眼睛像镶嵌在脸上的两颗宝石，楚楚动人，身材也越发高挑，有了成熟女性的曲线，总之她已经完全摆脱了孩子的稚气，举手投足间散发出迷人高雅的气息。玛丽自己不知道，爱神丘比特已经悄悄地飞到了她的身边，拉开弓箭，开始为这个美丽的姑娘寻找一个白马王子。

美丽漂亮的玛丽

玛丽初恋情人朱立克

这一年的暑假，兹希洛夫的长子朱立克从华沙回到斯邱基度假。他惊讶地发现家里多了一位美丽的姑娘。这个姑娘多么高贵，举止娴雅又充满活力，谈吐不凡，见识广泛，丝毫不像那些乡下姑娘那么粗俗——朱立克简直一刻也不能把眼睛从玛丽身上移开了。

这是一个奇妙而浪漫的暑假。朱立克和玛丽两个人从最初羞答答地相识到后来心有灵犀地交谈，从在花园一起朗诵诗歌到在碧波荡漾的湖心中划船，从一起在家里做功课到去阳光明媚的野外骑马驰骋，两个人的接触越来越多，关系也越来越亲密，在彼此的眼睛中已经看不到别人的影子了。不久，两个人正式确定了恋爱关系，不顾一切地沐浴在爱河中不能自拔了。

爱情总是欢乐时短，痛苦时长。两个年轻人天真地认为，只要有了爱情，就可以无忧无虑地在一起厮守，共度天荒地老，但是他们错了。当朱立克充满自信地把自己的心爱的人推到父母面前时，有着根深蒂固的传统观念的兹希洛夫立刻对这门婚事表示了强烈的反对——他们家族高贵的血统决不接受一个身份卑微的家庭教师做儿媳妇。两个人绝无在一起的可能！

生性懦弱的朱立克害怕了，退缩了，面对这个曾经发誓要厮守在一起的姑娘，他只能挥泪说再见。玛丽的第一次恋爱，犹如暴风雨摧残下的小花，很快夭折了。

初恋的失败使得她非常痛苦，伤心至极。这个好胜坚强的姑娘，在远离亲人的异乡孤苦无助。她在给表姐的信中说："你要问我的前途计划，我现在可以告诉你，我已经没有了计划，或者不如说，我的计划太普通，也太简单，不值得说。或者说我过去的计划是空想是梦境，是没有希望达到的。我只能得过且过，到了实在过不下去的时候，就向尘世告别。这损失想必很小，而人们惋惜我的时间也一定很短，和惋惜别人的一样短。"向来乐观坚强的玛丽在爱情的打击面前变得消沉起来。她感到痛苦和耻辱，却只能保持冷淡和沉默。贫穷使她不能离开这个伤心之地，为了每年那500卢布，为了免费的住所和食物，她必须忍气吞声。

尽管肉体和精神都在忍受着折磨，生性好强的玛丽却没有屈服，她天性中的好强支撑着她在乡下度过了一个个难挨的日子。在她给表姐亨利埃特的一封信中，她这样写道：

我不知道你再见到我的时候，你会认为我在这里度过的几年对我是好还是坏。所有的人都说，我变化很大，不论是身体方面还是精神方面。这是很自然的。我来这里时才 18 岁，而这几年我什么没有遇到过？这段时期可算我一生最残酷的时期，我对每一件事情的感受都太强烈了。

我竭尽全力来应付一切，我天性中的勇气占了上风，我有一种从噩梦中醒过来的感觉……我有一个重要原则：不管对人还是对事，都决不屈服！

返回华沙的家

度过令人伤感少女时代的玛丽，深深觉得追寻知识的可贵，她之所以能在斯邱基村奉献心力给那群孩子，也是有原因的。在单调而辛苦的工作中，玛丽经常抽空写信给卡嘉。

亲爱的卡嘉：

知道你订婚了，真为你高兴。

许久不见，想必一切安好吧？当我深感孤寂时，经常想起你，也很想见见你。

斯邱基村的生活，以“忧郁”一词就可道尽了。最近，每天不是刮着强风，就是下着骤雨，有时风雨交加、河水暴涨，使马路变得泥泞不堪，想必那冰雪的寒冬马上就要来临了。

卡嘉，记得吗？我们毕业已经有五年了，我却还困在这里。我留学的梦想，不知何时才能实现。

布洛妮亚在巴黎医学院攻读，再有两年才能毕业；而我，常年寄人篱下，尝尽了痛苦和辛酸，但我也比以前更坚强了。无论遇到何种困境，绝对不屈服——这已成了我的处世原则。

在忙碌的生活中，我牺牲了睡眠，为自己的前程而努力读书。你知道吗，每天清晨 8 点至晚上 9 点，

玛丽的好友卡嘉

我完全没有属于自己的时间，所以只好6点钟就起床念自己的书。碰上严冬，脚趾都快冻裂了，其中的艰苦，有谁知道呢？

目前，我工作上最大的困扰就是不知如何对付安吉这个孩子。他的注意力不集中，记忆力也欠佳，教他做功课，就像在沙地上盖楼阁似的，刚学会一样东西，又忘了一样。日子一天天地过去，他却毫无进步。有时，我真觉得自己这么努力，实在是傻瓜。好在村里的孩子都很用功（虽然他们比不上城里的孩子），只要他们稍有进步，就令我感到很安慰了。

卡嘉，告诉你一个好消息。明年5月，安吉就小学毕业了，我和兹希洛夫订的三年契约也在那时候到期，到时候，我们又可在华沙见面了。

最后，请代向伯母问好。忆起那段经常吃她做的巧克力点心的时光，仿佛还是昨天的事一般。

卡嘉，有这么慈祥的妈妈，你真幸福啊！

玛　丽

那时，玛丽每个月都要寄15—20卢布给布洛妮亚，这已占了她半数以上的薪水。这笔钱当然不够使用，所以，她的父亲也经常从微薄的薪水中寄一些给布洛妮亚。

玛丽的父亲由于自感薪水不多，让小女儿吃了这么多苦头，所以深觉歉疚，每次写信给玛丽时总会提起这些事，因此玛丽一接到父亲的信，就迫不及待地回信。

亲爱的爸爸：

您千万不要为了无力让我们升学而自责。

从小，我们不知承受了您多少教诲和养育。我现在所做的这点小事，根本难以回报您的恩情。

由于您的苦心养育、教导，我们才有机会接受良好的教育，并具备高尚的教养，堂堂正正地立足于天地之间。对于您和已过世的母亲的爱，我们兄弟姐妹将永远铭记心中。

爸爸，我为布洛妮亚汇点钱实在不算什么。唯一感到遗憾的是，到今天还不能报答您的大恩。我们兄弟姐妹，日日都向神祈祷，保佑您不要再为我们操心，能够早享清福。

女儿玛丽敬笔

玛丽在斯邱基村，夜以继日地工作着，她不但要寄钱给姐姐，安慰父亲，还得教村里的贫童念书。这已是一般人所难以胜任的工作了，但是，上天似乎还要进一步增加对她的磨炼，淬励她的心志。

原来，约瑟夫已从医学院毕业了。他打算在华沙开家医院，但由于缺少资金，只好先在乡间开一个小诊所。

为了替哥哥打气，玛丽在凌晨 2 点钟，当自己的功课做完之后，就在冰冷的房内伏案疾书，鼓励哥哥继续进入研究所进修。

不久，玛丽的父亲也为了自己那些可爱的儿女而放弃了中学教员的工作。

他想担任离华沙不远的里尼斯感化院院长之职，这份工作虽然比较辛苦，但是薪水高了些。

1888年4月，他终于正式上任了。

此后，他每个月汇40卢布给布洛妮亚，玛丽因此可以不用再寄钱给姐姐了。

这时，玛丽和兹希洛夫订的契约期限也快到了，她心里想着，只要这边的工作一结束，就可以回去和家人团聚，可是，意想不到的事发生了。

当玛丽接到父亲告知业已转职的来信之后数天，一位贵妇人前来拜访玛丽。

“夫人，您找我有何贵干?”

“我希望你在这边工作结束后，能到我家来担任我女儿的家庭教师，为期一年，好吗?”

这位夫人是华沙一位富有工业家的妻子。她千里迢迢地来到斯邱基村，一见玛丽的面就感到很投缘。

玛丽有点犹豫。虽然她很想回到父亲身边，然而，一年500卢布的薪水对玛丽来说，是一笔充满诱惑力的款项，将有助于她到巴黎去留学。

玛丽终于答应了这份工作。1889年5月，她永远地离开了斯邱基村。

回想三年前，一个下雪的夜里，她孑然一身来到这个小村庄之后，就是一长串令人眷恋的时光。当此分离之时，波兰卡、安吉和村里的孩子们全都依依不舍地向玛丽挥别。

别了，斯邱基村！别了，美丽的甜菜园！在5月微风的吹拂之下，她朝着来时的方向归去。

终于，她回到了华沙。街景依旧，好像在欢迎她返乡似的。

约瑟夫早已听从玛丽的劝告，继续到研究所攻读医学，希拉和他同住，正拜师学习钢琴。而且希拉已经订婚了，她的眉宇之间洋溢着喜悦和满足。

三年不见，久别重逢的喜悦笼罩着他们。玛丽一心记挂着父亲，于是第二天就到感化院去了。

当她踏入院长室的门时，突然顿住了脚步。三年不见的父亲，已经苍老了许多，胡子、头发、两鬓皆霜，额头也增添了深深的皱纹，两眼已不再炯炯有神了。

“爸爸!”

“啊，玛丽！你回来了，真好！快坐下来吧!”

父亲牵着玛丽的手，坐在安乐椅上。

“爸爸，您身体看起来不太好，怎么回事啊?”

“没事啊，你别担心。昨天晚上睡晚了些，有点睡眠不足，不碍事的。”

玛丽知道这是谎言，父亲面容憔悴，岂止是睡眠不足所引起的。

“在斯邱基村待了三年，你一定很辛苦了。布洛妮亚很感激你，我也要谢谢你。从现在开始，布洛妮亚的学费、生活费由我负责，你不要再操心了。”

“爸爸，不要说这些，倒是您令我不放心。这里的工作太辛苦了，不要累坏了身子啊！寄钱给姐姐的事，还是由我来想办法吧，我看，您还是辞去这份工作算了。”

“说哪里话，这里的工作并不辛苦。我认为帮助这些不幸的小孩，比站在讲台上教书更有意义，你应该为自己的前途打算才对。”

父亲的话并不能清除玛丽心中的不安，她觉得，感化院的工作对父亲来说，实在是沉重的负荷。

家庭情况及布洛妮亚的学费，这些都是迫使父亲无法退休的原因，玛丽一想到这些就难过万分。

1889 年夏，玛丽离开了那个她生活了三年的兹希洛夫家，告别那一望无边的甜菜地，告别自己痛苦的初恋，回到华沙——这个自己日思夜想的地方。不久，华沙一位大实业家弗鲁卡斯先生请她去做家庭教师，报酬一点也不比在乡下的时候低。玛丽继续她的攒钱计划——好在这时候父亲已经退休，可以领取一份退休金，而且又找到一份报酬丰厚的职业，玛丽的负担减轻了好多，自己的积蓄也增加得快了些。

终于，难得和父亲相处的一天过去了，玛丽又来到华沙新主人的家。

在弗鲁卡斯家这一年，可以说是玛丽一生当中，最快乐的时光。

弗鲁卡斯是个富裕的工业家，斯邱基村的兹希洛夫当然无法和他相提并论，他们的生活相当奢华。

但是，他们还算是相当有教养的人。弗鲁卡斯夫人经常在社交界走动，时常带玛丽出去参加舞会或茶会，好像以拥有一位教养如此良好的家庭教师为荣似的。

玛丽对这种活动，虽不热衷，但也不讨厌。

最出乎玛丽意料的是自己竟能和他们全家在海滨的一个小镇里度过了两个月的暑假，住的都是一流的旅馆，这件事使玛丽雀跃万分。

总之，在这一年里，她除了担心父亲的健康之外，可以说一直过得幸福而满足。

1890年秋天，玛丽和弗鲁卡斯的契约已满，于是返回华沙家中。

回来之后，玛丽立刻和兄姐商量妥当，让父亲重返中学教书。于是一家人又团聚了。想到日后全家又能朝夕相处，共享天伦，兴奋之情实在难以言喻。

玛丽又在华沙城内兼了几个家教，每天从早晨9点忙到黄昏。

夕阳西下时，玛丽做完了一天的工作。她一面漫步在薄暮时分的街道上，一面忆起毕业迄今的往事。

“我已经毕业八年了，却还没达成留学的愿望，不知何时才能到巴黎去！”想起这些，不禁又令玛丽心潮澎湃，不得安宁了。

留学前的实验

几天之后，一个星期日的早上，一个出乎意料的喜讯从天而降。

这段时间内，为了能让小女儿拥有良好的科学实践能力，斯科罗特夫斯基介绍玛丽去自己的表兄，也就是玛丽的表叔约瑟夫·柏古斯基负责的实验室“工农业博物馆”学习。

“工农业博物馆”其实是一座实验室，因为俄国人不允许波兰人拥有自己的实验室，但是不反对建博物馆，为了掩人耳目，才取了这个名字。约瑟夫·柏古斯基是一位波兰科学家，也是一位爱国者。为了本国的科学事业，他一直鼓励年轻人多多学习科学文化知识。每到周末或者晚上，很多青年就来这所实验室进行科学实验。

第一次走进真正的实验室，这对玛丽来说是非常兴奋的。尽管她对这里的仪器什么的并不感到陌生，父亲是她最早的老师，在父亲的书房中她也接触过这些实验器材。但是用这些仪器亲自进行实验时，她还是感觉到了兴奋和紧张。书本上的知识再多，也是纸上谈兵，只有经过实验的检验，才能真正地将它们掌握。在这所“工农业博物馆”实验室里，玛丽初步掌握了实验的要领，领会了实验的无穷魅力。很多年以后，玛丽还回忆说，她在实验方面的爱好和兴趣，就是从“工农业博物馆”开始的。

“明天你就来上班吧。”柏古斯基以期待的口吻说着。至于玛丽，她早被这个好消息震撼得置身梦境了。

可是，实验室离家太远了。对玛丽而言，距离远并不成问题，问题在于她必须在家教工作完毕之后才到实验室去，那时天色都已暗了。

傍晚时分，研究所内的职员和研究生都走光了，只有玛丽一人开始着手做实验。

柏古斯基暗地里认为，这么辛苦的工作，玛丽不可能做得很久。但是，坚强的玛丽却从来没说过一句疲倦的话，无论刮风下雪，从不缺席，她对实验的热衷就好像着了魔似的。

最初，她的实验做得并不顺利，只仰赖课本，又没有人指导，成绩只能说勉强合格。

后来，她渐渐地适应了。每当实验成功时，她的雀跃之情是笔墨所难以描述的。那种兴奋，足以使她的疲劳一扫而空。

每当实验完毕，收好器材、脱下工作服、将实验室上锁后，已是深夜时分了。她独自从华沙郊外步上归途，此刻，家人早已酣然入梦了。

到家后，玛丽换上睡袍，在长椅上躺了下来伸个懒腰。她毫无睡意，化学实验使她有股进入未知世界般的兴奋，这使她的眼睛更清澈、脑筋更清醒了。

她又想着第二天要做的实验，往往时钟都已敲了两下，她还毫无睡意呢。

这种非凡的举动是常人难以理解的，只有领悟到真理的人，才能体会那种喜悦和兴奋；这也是令人想要更上一层楼的一种动力。

在博物馆内所做的这些实验，和她日后在巴黎所做的相较，只不过是基本实验而已，不过这却是决定她一生从事化学实验的转折点。

她日后的实验，使世人蒙受无限的恩惠，这是她当初所料想不到的。

这时候，姐姐布洛妮亚已经要毕业了，而且在巴黎找到了自己的另一半。她在给玛丽的信中这样写道：

现在，玛丽，你一生中总该做些成绩出来。如果近年你能攒到几百卢布，明年你就可以到巴黎来了。你可以住在我们家里，我们为你提供食宿。你一定要有几百卢布来支付索邦的学费。第一年你同我们一起过；到第二年、第三年我们不在这里的时候，我们一定会帮助你。我希望你尽快做出决定，你已经等得太久了！我敢担保你两年就可以拿到学士学位。

姐姐的这封信对玛丽而言无疑是个好消息。去巴黎，这一直是她的一个梦想，但是，家里还有很多人等着她来照顾，特别是年迈的父亲，玛丽更是不忍心离开他。在收到姐姐的信后，玛丽决定还是把留学这件事情放一放，继续在弗鲁卡斯先生家做家庭教师。

面对着小女儿为了自己，为这个家庭做出的牺牲，斯科罗特夫斯基感到非常不安。他总是担心女儿会因为这个家的拖累而耽误宝贵的前程，这简直比杀了他还让他难受。他一遍又一遍地劝说女儿，并且鼓励女儿勇敢地走出这一步："你的才华不允许你的人生停下脚步，我也还没有到必须有人看护的地步。你的才能得不到发挥，这才是真正让我痛苦的事情。"

玛丽之所以迟迟不肯到巴黎去，其实还有一层隐秘的原因，那就是她还在爱着朱立克。她总是还梦想着两个人有重归于好的可能。如果可以，她宁愿选择放弃求学之路。上帝的安排是明智的，朱立克让玛丽失望了，否则，世界上将少了一位伟大的女科学家。1891 年 9 月，玛丽到喀尔巴阡山的察科巴纳度假。在那里，她见到了日思夜想的朱立克。两个人在散步时，她追问了朱立克的计划，可是这个富家少爷又表现出了懦弱和犹豫。玛丽的心彻底凉了，她决定不再把自己的青春全部搭在这个毫无指望的人身上。度假回来以后，两个人彻底断绝了联系。

从这以后，玛丽开始为自己的巴黎之行做准备。1891 年 9 月 23 日，玛丽给布洛妮亚写信说：

> 布洛妮亚，我现在请你决定，是否能真的留我住在你家里。因为我可以来了，我已经能够支付自己的学费了。如果为我提供食宿不至于加重你的负担，就请给我一个确定的答复。今年夏天我经受了一些会影响我一生的残酷折磨，到巴黎去也许可以使我的精神恢复正常。但是从另一个方面说，我不想让你太受累。
>
> 听说你分娩在即，那么我在你家里应该还有一些用处。假如我可以去巴黎，请你告诉我必须经过哪些科目的入学考试以及最迟在哪一天还可以报名。

布洛妮亚的回信很快发出：这一切当然没问题！

1891 年冬天，载着玛丽和她梦想的火车驶向了巴黎。为了省钱，她选择了最便宜的四等车厢，而且为了节省开支，她把褥子、床单、毛巾、衣服等日常用品全部带齐了。尽管天气冷得要命，火车里又没有暖气，行李也像石头那样重得不行，但这一切在这个幸福姑娘的眼里统统都不在话下了。她在心里一遍遍地念叨着：巴黎，大学，我来了！

第三篇　留学生涯

我只惋惜一件事，日子太短，过得太快。一个人从来看不出做成了什么，只能看出还应该做什么……

——居里夫人

异国苦学

玛丽盼了好久的事，终于实现了。

布洛妮亚来了一封信，要她到巴黎去。她以狂喜的心情阅读这封信。

亲爱的玛丽：

为了我，让你辛苦了，也让你久等了。

到巴黎来吧，巴黎大学文理学院的课程一定会令你满意。对了，我现在已和卡基米尔结婚了，记得以前我曾和你提过他。本来打算邀请爸爸和你来参加婚礼，但因时间仓促，只好作罢。

卡基米尔已经获得了博士学位，但我还有一次考试才能毕业。几经考虑，我们决定立刻结婚。

卡基米尔也赞成你到巴黎来。

我们小家庭必须克勤克俭才能度日，不能负担你全部的费用，对此我实在感到很抱歉。

目前你只要先准备四五个卢布就可以了，这是注册费，至于以后，你只要准备每个月的零用钱就够了。

你请父亲想想办法吧，只要准备四五个卢布及每个月的零用钱，你不妨住在我们家，这样可以省下房租和伙食费。

依你的能力，两年就可以获得学士学位。

因此，请马上和父亲商量，尽早到巴黎来。我日日盼望着能早日见到你。卡基米尔是个大好人，我们三人生活在一起，会很快乐的。

姐姐布洛妮亚

人生祸福无常，许多事情总是在不期然的状况下降临。对玛丽而言，命运一直是如此。原来对留学已不抱奢望的她，却由于布洛妮亚的来信而点燃了前去巴黎的希望。

“5 卢布吗？我的存款足够了。”

她辛辛苦苦攒存的钱，终于派上用场了。

梦想了八年（玛丽已经 24 岁）的大学，终于成为事实了，她兴奋得几乎要颤抖。

当天晚上，她就向父亲提起留学的事。父亲为她高兴，却也掩饰不住落寞的神情。

最宠爱的小女儿，如今又要到异乡求学了，这对老父而言，该是多么不舍的事啊，但是他能阻止吗？多年来，这个为了姐姐而牺牲、为了家庭而奉献的孩子，要靠自己的能力前去留学，他能阻止吗？何况，他也深深了解追求知识的可贵。

于是，父亲紧紧握住玛丽的手，说道："孩子，你去吧，我等着你学成回来。"

父亲的心情错综复杂，但玛丽的心又何尝不矛盾呢？要舍下父亲，这种痛苦，有谁知道？

"爸爸，晚则三年，早则两年，我就回来了。那时，说什么再也不和你分离了。"

玛丽也紧握父亲的手安慰他，然后暗自盘算着路费。

玛丽终于来到美丽的巴黎求学

办理护照的手续费，波兰及法国三等车厢的票价、德国四等车厢票价等，一分一毫她都算得清清楚楚，不敢有丝毫的浪费；连棉被、床单等物都是用家里原来的，并且先行寄往巴黎。

此外，她还随身带了两三件保暖的衣服，两三本书及在火车上三天的饮食、毛毯等，一切准备得齐全妥当。

分离前夕，一家四口依依

不舍，一直聊到半夜。

1891 年秋天，玛丽终于离开华沙，踏上前往巴黎的旅程。

她只随身带了一个简陋的木箱，心中却充满了希望。

火车越过德国西境的莱茵河，不久，就进入了自由的法国。

玛丽把书本合上，浏览窗外的景色。秋天的黄昏，辽阔的平原柔美得如米勒的作品一般。

车中的乘客神情悠然，不像德国人那么严谨，更没有波兰人那种神色仓皇的模样，这是经过数次流血革命才换来的。

看着，看着，玛丽渐渐忘却了旅途的孤单。

火车终于抵达巴黎了，她拎起木箱，整饰一下衣服就步入月台了。

布洛妮亚接获电报，早已在月台等候多时了。

“玛丽，你终于来了，真好。”

“姐姐，你好吗？咱们好久没见了。”

五年不见的这对姐妹，激动得相拥而泣。

对来自华沙的玛丽来说，巴黎是个处处令她惊异的城市，尤其是书店里琳琅满目的书籍，更令她叹为观止。在华沙只要一提起书名就会被捕的那些书籍，竟全部公开陈列在巴黎书店的书架上。

马路宽阔，路树巍巍，人人自由地大声交谈着，愉快而无拘无束地漫步着。在这里，找不到为了防范秘密警察而心惊胆战、喁喁私语的人，也没有华沙城那种令人窒息的空气，任何来自世界各个角落的人都能说自己国家的语言，过自己想过的日子。

此地拥有无数的艺术家、留学生、流亡的政治家、观光客……形形色色的人等，直令玛丽惊诧不已。玛丽终于在巴黎呼吸到自由的空气了。

布洛妮亚的家比玛丽想象中要好得多。

最令玛丽安心的是，姐夫卡基米尔是个亲切和蔼的人。

卡基米尔原是波兰贵族，自华沙学校毕业后，为了逃避战乱而来到法国，先在巴黎攻读社会学，中途改念医学，因而认识了布洛妮亚。他最近荣获了博士学位，已经正式毕业了。

卡基米尔生性豪爽，非常活跃，喜欢说笑，常常逗玛丽高兴。他深具恻隐之心，每星期一、四晚间替贫病的人免费诊疗。纯洁而富有正义感的玛丽，自然对姐夫深具好感了。

一切安顿就绪后，玛丽顾不得旅途的疲劳，立刻提笔给家人写信。

爸爸：

我已平安抵达巴黎了。自由和平的巴黎，人们脸上都挂着华沙城里所见不到的愉悦、快乐的神情。自由国度里的生活，真令人由衷生羡。

姐姐很好，勿念。姐夫也是个很好的波兰人，如果您见了，一定会喜欢他。

今天，姐姐带我参观了凯旋门以及其他的巴黎名胜，但是最令我惊奇和喜悦的还是巴黎大学文理学院。

一想到自己将要进入这所历史辉煌的大学校门时，不禁将往昔所受的苦楚忘得一干二净。

爸爸，相信您曾听说德国宗教领袖马丁·路德的名言："巴黎有一个世界首善的大学，那就是索邦。"（索邦大学就是巴黎大学文理学院的前身）此刻，我心中充满幸福之情，假如全波兰的子弟都能在此求学，那该多好啊！

不多写了。

女儿玛丽敬笔

由这封信，我们可以看出，纯洁可爱的玛丽，无论何时何地，都不曾忘记她多灾多难的祖国。

1891 年 11 月 3 日，这是值得纪念的日子，玛丽终于进入巴黎大学文理学院了。

布告栏上密密麻麻地写着课表，总计有 26 位教授的课，玛丽恨不得每堂课都能够去上。

她也选了一个实验课程。现在，和在华沙郊外“工农业博物馆”做实验时大不相同了，她不再是盲目地摸索，而是由名师指点，而且他们都是世界首屈一指的科学家。

无论是哪一门课程，玛丽总是坐在最前面的位置，毫不遗漏地全神贯注于教授的讲授。

衣着土里土气的玛丽坐在大学教室第一排听讲

刚一开学，玛丽就成为班上关注的焦点。因为她有一个很难发音的波兰姓，而且每节课都坐在教室讲台下第一排的位置，衣着也有点土里土气。

但是，玛丽并不在乎同学们对她的看法，她一心专注于功课而无暇旁顾这些芝麻小事。她好比是一块干燥的海绵，对于知识的吸收，简直到了狂热的地步。

姐夫卡基米尔曾经写一封信给岳丈，向他禀报玛丽的生活情况。

岳父大人：

玛丽整日苦读不辍，我们只有晚餐时才碰面，而且连聊天的时间也没有，因为一起吃完饭，她立刻又回房看书去了。虽然您嘱咐我照顾她，但她一切很主动有主见，根本无需我劳神。

而且玛丽的身体很健康，请勿挂念。

女婿卡基米尔

但是，短短数个星期之后，玛丽就面临了两大困扰。

首先，她的法语虽然足够应付日常会话和阅读普通读物，却无法完全听懂教授的话。其次，以前她完全是靠苦学自修，而且大部分时间都是耗在家教上，所以进大学后深感吃力，尤其是数学和物理的底子并不好，这些都令玛丽感到惶恐，以这种程度，怎能拿到学位呢？她只好利用课余时间勤读，以补充以前的不足。

好强的她，并没有把这件事告诉姐夫和姐姐，她决心凭自己的力量加倍努力。

在学校，她认真地抄笔记、做实验，回家用过晚餐后，立刻回房间整理笔记和实验的记录，然后继续自修物理和数学，一分一秒都不敢浪费。

接着，玛丽又面临第三个困扰了。这是她无法独力解决的问题，势必与姐夫姐姐商量。

原来，姐夫白天虽然工作忙，但晚上却像变了个人似的，喜爱游乐，不是打牌、看戏，就是在家弹琴自娱，而且晚上经常有朋友到家里来聊天。玛丽并不讨厌聊天，但他们经常喝得酩酊大醉而高唱波兰歌，吵得玛丽无法安心。

玛丽初到巴黎这年的圣诞节，姐夫家里真是热闹非常。他的朋友中，善于烹饪的就下厨做家乡菜；有几分演戏天才的就登台演戏，玛丽也扮演了一个角色，他们甚至还印制了波兰文的节目表呢。

在欢乐的气氛中，玛丽忆起身在华沙的父亲、兄姐，不觉又涌起一股辛酸。

有一次，玛丽正为一道难解的数学题绞尽脑汁时，姐夫突然把门打开，说："别读了，玛丽，准备一下，我有招待券，我们去听音乐会吧！"

"谁的音乐会啊？"

"就是以前我告诉你的那位波兰钢琴家。"

"可是我不想去呀。"

"不要这样嘛，波兰钢琴家在巴黎开独奏会，我们应该去捧场才对，何况门票还有三分之二没卖出去呢！"

最后，玛丽熬不过姐夫的三催四请，只好和他们乘坐马车赶到会场。坐席还空了一大半，但演奏会已开始了。

台上，一个赤铜色头发、个子瘦高的男人正在弹琴，从指间流出的是波兰爱国音乐家肖邦的名曲；接着又弹了李斯特、舒曼的曲子。在听众不多的音乐会上弹奏这些名曲，真令人感到可惜。

原本就热爱音乐的玛丽，早已沉醉其间了。

当天晚上默默无闻的演奏家，就是日后举世驰名的巴德瑞夫斯基：他非但以音乐名闻遐迩，也是一位成功的政治家，波兰独立时，被选为第一任总统。

他当夜所演奏的曲子，萦绕在玛丽的脑海中，久久不曾消失……

背景知识

巴黎大学

巴黎大学（Université de Paris）是一所在国际上享有盛誉的综合大学，创立于公元9世纪，最初附属于巴黎圣母院，1180年法皇路易七世正式授予其“大学”称号，与意大利的博洛尼亚大学并称为世界最古老的大学，又被誉为“欧洲大学之母”，欧洲各主要大学的建立模式均受此二校影响。

1798年，法国大革命爆发，拿破仑实行教育改革，以“帝国大学”对法国所有大学教育机构作出中央集权式的管辖，巴黎大学遂名存实亡。直至19世纪末，巴黎大学才渐渐恢复中世纪时的声望。

巴黎大学的前身是索邦神学院，1261年正式使用“巴黎大学”一词。在13世纪时，巴黎大学的学生已经上万，许多学生来自欧洲的邻国。在很长时间里，巴黎大学同教皇和国王都有

巴黎大学

特殊关系。17 世纪，宰相黎世留出任巴黎大学的校长，使巴黎大学有了飞速地发展，享誉世界。巴黎大学原址坐落在巴黎市第五区，是知识分子集中的地区。因为 13 世纪在大学里以拉丁文传授知识和进行交流，所以该区又称为“拉丁区”。作为文化象征，老巴黎大学周围的地区有五多：学校多，书店多，咖啡馆多，旧书摊多，旅馆多。

现在所说的巴黎大学，实际上是十三所巴黎大学的联合体。1971 年 1 月 1 日，新生的十三所巴黎大学同时宣告成立，其各自独立没有隶属关系，但共同拥有“巴黎大学”的名称。编号只代表顺序，与质量以及名望无关。

现代巴黎大学有四多：一是学生数量多，总数已达三十万，占全法国大学生总数的三分之一。二是外国学生多，达到五万，占留学生总数的一半。三是科研机构多，如巴黎第十三大学即有各类实验室一百多个。四是图书馆多，有综合性的，也有专业和分别供各阶段大学生使用的，甚至还有为病残者服务的特殊图书馆。

巴黎大学历来重视科学研究，重点在基础理论研究方面，如数学、理论物理学、化学、分子生物学、气象学、应用科学等。目前也强调尖端科学和跨学科以及边缘学科的研究，如核能、信息学、地球物理学、生命科学以及宇宙空间等领域。

巴黎地区十三所独立的综合性大学，在专业设置方面各有侧重。如第一、第四大学侧重文学、艺术专业；第三大学侧重外国语言文学专业；第二、第九大学侧重经济法律专业；第十一大学侧重自然科学专业等。招生采取证书制，持有中学毕业会考证书者可免试入学。

玛丽并非不喜欢和姐姐、姐夫同住，只是迫切希望有一个能专心看书的地方。

何况，从姐姐家到学校较远，光是往返就得浪费两个多小时，而且马车费的支出也是一笔可观的数目哪！经过慎重考虑后，玛丽终于向布洛妮亚开口了。

“姐姐，我有一件事要告诉你。”

“什么事啊?”

“我想在学校附近租个房子。因为姐姐家离学校和实验室太远了，而且交通费也是一笔负担。我想试试看，生活费可能要多花一点，但我会尽量节省的。”

布洛妮亚对妹妹突如其来的要求，一时答不出话来。

她一直想让妹妹住在家里，以补偿妹妹多年来为她筹学费的辛苦，可是没想到妹妹竟想搬出去住了。

玛丽的话不无道理，为了让玛丽多读一点书，布洛妮亚只好和卡基米尔商量，终于答应让玛丽搬出去住了。

第二天，布洛妮亚（这时她已经怀孕了）陪玛丽到巴黎四处找房子，幸好很快就找到了。

从这里到学校，只要步行 20 分钟，到实验室则只要 15 分钟；房间很狭窄，但是租金低廉，而且不必再花交通费。

行李不多的玛丽，用一辆手推车就顺利地完成了搬家的工作。

贫穷女大学生

从此以后，玛丽不再受干扰，但是饮食必须自理，生活费也增加了。

当时巴黎的物价还算便宜，但是一个月只有 40 卢布的她要付房租，又要付伙食、书籍费用等，实在很难维持，而且这 40 卢布还是从自己所剩无几的存款和爸爸每月的汇款中凑出来的。

这是每一个到巴黎留学的波兰贫苦女生的必经之途，她们大多两三人合租一个房间，布洛妮亚的留学生涯就是这样度过的。但是玛丽讨厌这种生活方式，她想尽量拥有属于自己的时间，与其和朋友天南地北地瞎聊，还不如多读一点书。

从中学毕业后，玛丽长年住在别人家里当家庭教师，根本没做过家事，甚至连汤都不会煮。

因此，她通常随便弄、随便吃。如果不饿，有时候干脆晚餐也不吃了，一直看书，看到三更半夜。

她的时间表中，没有娱乐时间，也没有聊天的时间。下课回来后，她就翻开笔记本，边看边吃晚餐（只是面包加奶油而已），直到深夜才钻入冰冷的被窝，一刻也不曾离开过书桌。

当然，从不去访问别人的玛丽，也绝少有人来看她。偶尔，星期六下午她姐姐会来看看她，这她就觉得心满意足了。

搬家后生活安定了，玛丽又写了一封信给父亲。

爸爸：

我已经搬出姐姐家，住进离学校不远的弗拉特尔街三号。

以前住在姐夫家时，他们对我关心备至，我很感激，但我的作息时间，却无法自由支配。何况，我的实力不够，一直跟不上学校的进度，因此，除了读书之外，其他阻碍我读书的事，都是我不乐意做的。

我辜负了姐姐的好意，颇感歉疚，但我觉得还是自己一个人生活比较好。

大学里的课程对我而言，是一串串的惊喜和挑战，我必须全力以赴。

姐姐怕我寂寞，经常来看我；其实我一心一意只想念书，哪有时间想到寂寞呢？读书、读书！这就是我目前生活的全部。

女儿玛丽敬笔

在巴黎大学读书时期的玛丽

但是，数个月之后，玛丽又不得不另找房子了。

因为住在她隔壁的一对夫妻及一位在军中服役的士官，都经常带朋友回家饮酒作乐，喧嚣不堪。

嘈杂的声音，透过薄墙灌入玛丽的耳中。于是，对巴黎街道早已熟识的她，又单枪匹马地去找房子；找到后，也等不及通知布洛妮亚一声就搬过去了。

她找到的是间小阁楼，在倾斜的屋顶上唯一的一扇气窗，只能看到狭隘的天空一角，没有暖气也没有水电设备，她必须时常走下弯弯曲曲的楼梯，到井边去提水。

布洛妮亚知道玛丽搬家后，赶紧前去看她。

“玛丽，你怎么住这种房子呢?”

“姐姐，你不觉得这房子像波兰的吗?”玛丽调皮地指着自己的家具自嘲。

房里，只有一床她由华沙带来的垫被和一个小型暖炉，还有一个小桌子和厨房用的一张凳子。

没有电灯，只好买一盏有灯罩的油灯。

此外，小刀、叉子、汤匙、盘子，都是从华沙家里带来的。唯一的木箱摆在墙角，既可当椅子，又可当碗橱。

从楼下至阁楼，必须经过硬硬的石阶，在途中稍事休憩，再步上七楼。如果要买煤炭，那种一袋袋提上阁楼的滋味可以想见。

玛丽根本没有多余的车费预算，因此，即使刮风下雪她也照样徒步上学。

看到这种情形，布洛妮亚心中一阵酸楚。心中暗想："如果我们稍微宽裕些，玛丽就不必过得如此艰苦了。她过去一直帮我筹学费，可如今……"

"玛丽，和我们一起住不是很好吗？"姐姐禁不住发牢骚了。

"姐姐，你别操心，我会过得很好的。想念大学而苦无机会的波兰人不知道有多少，和他们比起来我可幸福多了！"

布洛妮亚摇头叹息，无言以对。

"你别替我担心，你自己要多保重，快生产了吧？我真替你高兴，宝宝生下来，爸爸和姐夫一定好高兴哦！"玛丽安慰布洛妮亚，然后把两三本书夹在腋下，拉着姐姐的手站起来说："我送你一程吧！"

布洛妮亚讶异地问："玛丽，你带着书本上哪儿去？"

"我要到图书馆看书，一两个小时就回来了。"

其实，她在说谎，她一到图书馆，一定要待到夜里 10 点关门才回来。因为馆内灯光明亮，又有暖炉，在图书馆看书可以省下油灯钱和燃料费。

当玛丽从图书馆回到住处后，就以硬邦邦的面包和水充饥，然后在微弱的灯光下看书，一直到凌晨2点才上床。

她尽量想办法忘却寒冷、饥饿等字眼。偶尔到姐姐家走走，她也绝口不提这种艰苦的生活方式。

“玛丽，怎么了？最近气色不大好。”

“前些日子着凉了。”

“我看，你可能是用功过度吧！”

“我也没办法啊，功课进度太快了。”

布洛妮亚实在对玛丽一点办法都没有。

但是，人的身体不是铁打的，她的读书方式简直是违反生理规律，完全仰赖坚强的意志来支撑。

数个月之前还是活活泼泼的玛丽，如今已经开始衰弱了；当她读罢书，要站起来，往往觉得头晕目眩。有时上床后，也有轻微的脑贫血现象。玛丽心想，也许是睡眠不足，用功过度吧，但他从没想过，这是营养不良引起的。

有一天，玛丽终于晕倒了。惊骇的同学扶她躺下后，立刻前去通知布洛妮亚。

巴黎读书的玛丽

卡基米尔携带着医药箱，匆匆忙忙赶到玛丽的住处。他一口气跑上七楼，打开阁楼门一看，吃了一惊：“啊，玛丽，你怎么这么不爱惜自己呢？”

玛丽已经清醒了，正脸色苍白地坐在床沿看笔记。

卡基米尔十分痛心、

愤怒。

“对不起，姐夫，让你操心了。”

经过诊断，证实玛丽体质衰弱异常。卡基米尔一眼瞥见碗橱，刹那间什么都明白了。锅、盘两三天没动过，茶壶里只剩一点水，房内找不到奶油、面包，砂糖罐也空空如也。

“你饿了吧？玛丽。”

“不，我不饿。”

“中午吃了些什么？”

“吃……已经吃过了。”

“吃了什么？告诉我。”

“核桃和……”

“和什么？”

“……”

“说呀，核桃和什么？”卡基米尔频频追问。

“小红芜菁。”

“还有呢？”

玛丽无言以对。

这两天，她只吃了半磅核桃、一束小红芜菁。

昨天，她读书直到凌晨3点才睡，一大早又赶到学校，下课后就把前天吃剩的小红芜菁塞到肚子里。后来有同学来看她，聊着聊着，玛丽突然一阵不舒服，就晕倒了。

在卡基米尔毫不放松地追问之下，玛丽才不得不说出实情。原来，这些日子她吃的都是这些。

玛丽对回答这些问题感到很厌烦，她认为煮汤、烧开水实在太麻烦了。

卡基米尔一下子也不知道应该怎么开口，以医生的立场来看，这实在不是一种正常的生活方式。

他想到身居华沙的岳丈，一再嘱咐他照顾玛丽，而他却没有做到，又惭愧又难过。

他叫玛丽穿上外套、戴上帽子，并把这一周上课所需的课本和笔记本带着，然后就牵着她的手步下楼梯。

两人坐在马车上，一路沉默不语，不知要说些什么。到家后，卡基米尔立刻叫布洛妮亚烹调营养价值高的食物，像厚厚的烤肉、奶油炸马铃薯等，让玛丽好好补充营养。卡基米尔还开了药要玛丽服用。

布洛妮亚把手轻轻放在正在用餐的玛丽肩上，说了一声："玛丽，要注意自己的身体啊。"然后，就难过得说不出话来。

晚上 10 点钟，房里的灯熄了，在温暖的房间、柔软的被褥里，玛丽沉沉入睡了。

接连三四天，玛丽就像过圣诞节似的，吃着姐姐刻意烹调的丰盛餐食。充分的睡眠以及充满爱心的烹调，比任何药物更有效，玛丽渐渐康复了。

玛丽在姐姐、姐夫面前郑重其事地保证说："即使期末考试快到了，我也绝对不再这么折磨自己了。"然后回到她的小阁楼去。但是，回去后，她的生活依旧。

在她的生活中，除了书本之外，似乎什么也没有了。

她的干劲和智慧终于受到李普曼教授的赏识。李普曼教授请她加入一项研究工作，这使得她的信心倍增。

为什么她会如此急于求进呢？原因乃在于金钱上的问题。她虽然极力俭省，但有限的存款总会用尽的，而且，总不能让年迈的父亲为了她而加重负担啊。因此，她渴望一年之内就把两年的课程修完。

有限的费用，能供她读到什么时候？一想起这些，玛丽的心总是充满不安和焦急。

即使交通费可以省下，但唯一的一双鞋总是会穿破的呀！

一双鞋的价钱，就会使玛丽的生活预算失去平衡；但总不能赤脚上学啊，玛丽只好设法减少伙食、煤油及燃料费。

巴黎的冬天特别长，寒气也特别重，买不起煤炭的玛丽，她的暖炉总是冰冷的。

巴黎大学

在冷得几乎令人冻僵的房间里，玛丽夜里经常睡不着觉。她不停地抖着身子，没办法只好打开木箱，把夏天的衣服，甚至内衣都拿出来，铺在棉被上；如果还冷的话，她就把唯一的那张椅子压在被上，这样似乎可以暖和些。

冷得睡不着的玛丽，不断地想着："万一睡不着，影响明天做实验的精力……不，波兰人绝不向巴黎的天气屈服。"这么一想，她更是辗转难眠了。

终于，使玛丽痛苦不堪的严冬过去了，4 月的微风开始吹拂着巴黎。

绚烂的花朵美丽非凡，无风的晴日，温暖得令人沁汗。

不久，夏天也来临了。阁楼里闷得令人难受，房顶上唯一的那扇窗子已发挥不了什么功用，倒是太阳照射的热气，令玛丽难以忍受。一天，玛丽又写信给她的父亲了。

爸爸：

巴黎现在到处花儿盛开。我和朋友在郊外度过了一个愉快的星期日。路树新绿盎然，散发阵阵清香；天气好的时候，有股夏日特有的闷热气息。我住的阁楼炎热得很，我不想久待下去了。

7月份考试一结束，我就准备回国。现在我正为准备考试而忙碌，一考完，我会立即搭上开往华沙的火车，那时我们又可以欢聚一堂了。

女儿玛丽敬笔

4月至7月，是巴黎最宜人的季节，玛丽更加努力地温习着功课。

7月初，一个闷热的日子，玛丽随着其他考生，怀着兴奋之情步入考场。这是她等待已久的物理学学士考试。一般考生认为试题困难，但对玛丽而言却太简单了。

考试的结果，由主考官在大礼堂当众宣布。玛丽的姐姐和姐夫都来了，礼堂内挤满了考生的亲戚、朋友。布洛妮亚和卡基米尔被挤到主考官前的台阶下。

不久之后，主考官神情肃穆地步上讲台，喧嚷的场面立刻趋于沉寂。

主考官以亮如洪钟的声音宣读及格者的姓名。

“第一名，玛丽·斯科罗特夫斯基。”

瞬间，一阵骚动、喧哗像电流般流窜在大礼堂内。

玛丽终于获胜了。她兴奋得颤抖，泪水从两颊垂落。

回想两年前，布洛妮亚写信要玛丽来时曾说过：“玛丽，依你的能力，两年就可以得到学位。”这话终于应验了。

当夜，玛丽在姐夫和抱着孩子的姐姐的欢送下，流着兴奋的泪水，搭上开往华沙的火车离开了巴黎。

邂逅彼艾尔·居里

华沙的夏天，洋溢着快乐。

父亲、哥哥、姐姐都为玛丽的成功兴奋不已。

一回到家里，玛丽的食欲大增、睡眠安稳，比刚从巴黎回来时健康多了。

有一天，父亲问玛丽：“玛丽，你留在华沙教书，和爸爸住在一起好吗？”

玛丽很想再回巴黎修完数学学士学位，但是只靠父亲汇款，即使过着比以前更艰苦的日子也还不够，而且她的存款早就花完了，必须再设法筹措学费。

正在这时，玛丽在巴黎念书时的一个好同学兹伊斯嘉来了一封信。

玛丽曾告诉过她自己的身世、遭遇和理想，因此兹伊斯嘉写了这封信，鼓励她继续到巴黎深造。

兹伊斯嘉已经帮玛丽申请了“亚历山大助学金”（这是为外国优秀的留学生设立的，可以慢慢偿还），有600卢布，足够她四五个月的生活开销，这对玛丽来说，就像中了头彩一般。

父亲看到玛丽欣喜若狂的样子，不便阻止，只好说：“也好，你去吧，但要多注意身体。布洛妮亚来信说你用功过度，身体都搞坏了。”

“爸爸，您不要操心，这回我一年就可以回来了。只要获得数学学士学位，我的愿望就算达成了，那时我绝不再到别的地方去，一定跟您在一起。”

于是，9月初，玛丽又充满希望地前往巴黎。她并不知道，从此以后她会永远地离开波兰，并成为法国人，命运真是难以预料啊！

新学期开始了。玛丽再度进入巴黎大学文理学院，这一次她只专攻数学，因此有了一些剩余时间去兼家教。

她的学生是该大学的法籍同学，程度很不错，玛丽只要以她过去所准备的物理学来授课即可，比起教不用功的学生轻松多了。

此外，她的恩师李普曼教授，还介绍她到法国工业振兴协会去做研究工作。

她勤奋不懈地去研究该协会指定的“关于各种钢铁的磁性问题”，希望能获得酬金，以便偿还助学金。但是，研究工作比她想象的要困难多了。

就在她深感困扰的时候，瑞士福利堡大学的物理教授柯巴尔斯基来巴黎做学术访问，竟然出乎意料地顺便前来看她。他很关心玛丽的学习情况。柯巴尔斯基是一个知名度很高的学者，玛丽对他尊敬异常，他们曾在斯邱基村见过面。

玛丽兴奋不已，能在异乡客地遇到来自波兰的故人，真是用笔墨都难以形容的快事。

彼艾尔·居里先生

当晚，玛丽应邀前往柯巴尔斯基下榻的旅社，两人交谈得很愉快，除了谈论近况、物理研究外，还谈起有关钢铁磁气性能的问题。当玛丽告诉他，自己正为找不着适当的研究场所而头痛万分时，柯巴尔斯基沉吟了一会儿，说道："我可以介绍你到一个地方去，你知道彼艾尔·居里教授吧？他是个著名的学者，住在罗蒙街，是巴黎理化学校的教授。他或许愿意让你借用一部分实验室。我看，你们先见个面再说吧，明天晚上你再来一趟，我会把彼艾尔·居里请来。"

"谢谢您，老师，明晚我一定来。"玛丽道过谢之后，便回去了。

彼艾尔·居里当时是巴黎理化学校的实验室主任，是"居里天平"的发明人，且曾发表有关磁学的"居里法则"，在法、英、德的学术界颇负盛名，年纪很轻，才35岁。

第二天晚上，玛丽第一次见到彼艾尔·居里。他穿着肥大过时的服装，高高的个子，棕色头发下一双温和深沉的眼睛，表现出罕见的才智和独特的个性。

玛丽后来在她的自传中，这样描写她和居里第一次会面时的情形："我走进去的时候，彼艾尔·居里正站在一扇对着阳台的落地窗前。虽然那时他已35岁，我却觉得他很年轻。他炯炯有神的目光和修长的身材，以及潇洒不羁的风度，给我很深的印象。而他那略显迟缓而审慎的言谈，他的质朴，他那庄重而又活泼的微笑，给人以信任感。我们开始谈话，不久就很投缘。谈话的话题是一些科学问题，我乐于征询他对这些问题的意见。"

彼艾尔比玛丽大8岁，1859年5月15日出生在巴黎。他的父亲是一位医生。居里大夫在行医养家糊口之余，还非常热衷于科学研究，经常在巴黎博物馆的实验室里做一些医学研究。

彼艾尔从小就具有独立的个性和爱幻想的性格特点，所以不太适应学校的训练和系统的学习。居里大夫知道这个孩子的头脑太独特，难以成为出色的学生，所以他没有让彼艾尔去上学，而是让他接受一种所谓的"自由教育"。先让他在家里跟自己学，后来又请了一位很优秀的教师教他。这种特殊的教育方法非常有效，结果彼艾尔18岁就成了理科学士，19岁成了索邦理学院一位教授的助手。

1882年，当15岁的玛丽正就读于华沙一所公立高中时，23岁的彼艾尔已被任命为巴黎市理化学院的物理实验室主任了。1880年，他和他的哥哥雅克·居里发现了晶体的"压电效应"，即某些不对称的晶体（如石英、电气石、酒石酸钾钠等）在外加压力的作用下，由于极化而使其两端表面出现电势差的现象，这就是“正压电效应”。后来，他们继续这一实验，确定了产生压电效应的条件和变化规律，并于1881年发现了这一效应的逆效应（又称“逆压电效应”，即将某些晶体置于电场中，它们会发生弹性形变，这一效应又可称为“电致伸缩”）。他们还根据压电效应制造出非常精密的静电计，能够准确地测量非常微小的电流，这种静电计被称为“压电石英静电计”。

彼艾尔在后来的研究中，又有许多卓越的发现。比如一种最精密的天平——“居里天平”。后来他研究磁性，又取得了一项很重要的成果，发现了一条基本定律——“居里定律”。

美国物理学家塞格雷曾高度评价彼艾尔所做出的贡献，他说：“彼艾尔是第一个把今天我们称之为‘群论’的概念引进物理学领域的人，这些概念包括极矢量和轴矢量之间明确的区别，以及对称性在决定某些现象可能发生时的重要性……他的观点的重要性已日益明显，开尔文勋爵就格外赏识他的才干。”（开尔文是英国著名物理学家、热力学奠基人之一，1890—1895年担任过伦敦皇家学会会长，在他任会长期间与彼艾尔有密切来往。）

在1894年初居里遇见玛丽的时候，他早已有很高的声望。但这位天才的学者却迟迟没有结婚，他在日记中写道：“女人只为了生存而喜爱生命的程度，远胜过我们男人；天才的女人是稀有的，一般说来，对于一个严肃的科学家来说，女人是一个绝对的障碍。”

然而，当他见到玛丽后，却发现玛丽就是那“稀有”的一个。玛丽问了他很多科学上的问题，他对这名女子强烈的求知欲和理解力感到十分惊奇。当时他正在研究关于结晶的定律。他用专用术语和复杂公式跟玛丽讨论结晶学上的问题，这名女子不但能够正确理解，甚至能参与其中的一些讨论，这太让他惊奇了。

如果说两人见面后，玛丽对彼艾尔有好感，那么彼艾尔这位从来拒姑娘于千里之外的男子，却一开始就被玛丽深深吸引住了，当然其中也夹着相当大的好奇心：这名女子在巴黎苦读是为了什么？

他们两人很愉快地谈起了彼此都感兴趣的科学研究问题。也许是由于玛丽那种不懂就问和谦虚求知的态度，使彼艾尔感到轻松、愉悦，并产生了一种敬意，这个很少在姑娘面前说话的人竟然侃侃而谈。尤其是当他发现他用一些专用学术语言或数学公式谈自己的工作时，玛丽越来越兴奋，这使彼艾尔感到这个姑娘真是非同一般。他还惊讶地发现，她甚至能够敏锐地发现一些细节性的问题，并与他讨论。

彼艾尔在不知不觉中流露出的这种惊讶被玛丽敏感地觉察到了，她揶揄地说："先生，我不明白，'女人的能力有限'，这种奇怪的见解您是从哪儿学到的？"

当玛丽端起杯子喝茶时，彼艾尔看见她的手指变了形，他明白这是被实验室的强酸灼伤的结果，他被深深地感动了。他突然转变话题，问道："您要住在法国吗？住一段时间，还是永远住下去？"

玛丽被这突然转变的话题弄得有点发蒙，过了好一会儿她才说："当然不。今年夏天考试结束后，我就回到华沙去。我想秋天再回巴黎，但不知道能不能做到。将来我要在波兰当教师，让自己对波兰有点贡献。波兰人没有权利抛弃自己的国家。"

这时，柯巴尔斯基夫妇也加入了他们的谈话，话题很快就转向由俄国压迫所造成的痛苦生活。于是他们开始谈到波兰遭受的屈辱和他们义不容辞的责任。彼艾尔发现玛丽在谈到波兰的未来时十分激动，认为自己对波兰的复兴有着不可推卸的责任。这使彼艾尔感到惊讶和难以理解。这位在自由国度成长的学者，认为科学家唯一的责任就是关心科学事业的进展，一切与科学无关的事情都不应该过问，可是这位天赋很高的玛丽小姐，却在想着科学以外的事情，而她的计划，是要去阻止沙皇俄国的暴政。

彼艾尔·居里觉得这位美貌、智慧的金发女子确实与众不同，他完全被她倾倒了。

在物理学会会议上，他把自己的著作《论物理现象中的对称性原理：电场和磁场的对称性原理》送给玛丽，并在扉页上写道："著者彼艾尔·居里谨以尊敬和友谊赠斯科罗特夫斯基小姐。"

在李普曼教授的实验室里，彼艾尔看见玛丽穿着宽大的布衣，安静地低头看仪器，更对她产生了敬爱之心。

当彼艾尔看见玛丽的住房那么狭小和简陋时，心里很不好受。他本人也向来不愿意追求物质享受，但他没有料到玛丽的生活竟如此贫困，简直让人无法想象。他问玛丽："您是怎么生活过来的？"

"啊，我每月有一百法郎，每天可以用三个

玛丽和彼艾尔第一次很投机的交谈

法郎。”

“一百法郎一个月？这么一点钱怎么能够您支付房租、伙食。”

“您少见多怪了，其实我的生活并不像您想象的那么糟。我很少待在家里，整天都在实验室，或者去大学听课；晚上我到图书馆去，一直到10点才回家。因此，我只需准备少许照明用的煤油就行了。”彼艾尔虽然还是不大理解玛丽是怎么过日子的，但他懂得她有一种了不起的信仰和自信心，是一位了不起的女性，令人肃然起敬。

彼艾尔带玛丽去找理化学院的院长舒琴柏克先生，请求让她在自己的实验室里做些实验工作，这个请求被允许了。于是玛丽和彼艾尔可以天天在实验室里相见，他们之间的情谊也逐渐由“浅蓝”转变为“深蓝”。

此后，彼艾尔一次次温情脉脉地向玛丽求婚。玛丽也已经深深地爱上了彼艾尔，她知道彼艾尔是一位前途远大的天才学者，是一个真正可以成为伴侣的人。可是因为她热爱着波兰，对于做法国人的妻子始终踌躇。嫁一个法国人，就意味着她要永远离开家，离开祖国了。在玛丽看来，她不能这样做，也不应该这样做！自己已经通过了所有考试，现在应该回到波兰去，在波兰工作。

但是，彼艾尔的真挚感动了玛丽和她的家人。

从此，他们俩便经常接触。他们是多么相似啊，那种为了追寻知识、探索科学而心无旁骛的态度，简直如出一辙。

彼艾尔经常到玛丽的住处去，彼此畅谈学问，几乎忘了时间。他把自己写的书送给玛丽，上面题着：

送给斯科罗特夫斯基小姐。

以作者无限的敬意和友谊！

彼艾尔·居里

有一天，彼艾尔说：“玛丽，来见见我的父母好吗？他们都是很好的人。”

玛丽答应了。于是，在6月里一个气候宜人的傍晚，他们一道前去拜访住在巴黎市郊的老居里夫妇。

“啊，他们多么像我的父母呀。”

玛丽看见高尚睿智的老先生和带着病体但精神快活的老夫人时，内心感觉到一股亲切。

彼艾尔的母亲第一眼就喜欢上玛丽了，甚至暗想着，如果彼艾尔能娶到像玛丽这样纯洁聪明的女孩儿，那该多好啊。

这次会面之后不久，老居里夫人就到布洛妮亚家去提亲；布洛妮亚和卡基米尔表示赞同。

其实他俩早已私心暗许，只是玛丽仍然把对父亲的诺言长记在心。

她心想，要是真的嫁给彼艾尔，入了法国籍，那么一直盼着我回华沙的父亲，不知会有多么失望！

日子一天天逝去，转眼，数学学士考期将届，为了准备功课，玛丽有一段时间闭门苦读，没和彼艾尔见面。

1894年7月，玛丽终于以第二名的成绩，获得数学学士学位。

此外，她也完成了法国工业振兴协会的研究而获得一笔酬金，因而顺利地偿还了600卢布的助学金。

助学金财团的秘书讶异地对她说："从没有人这么快就还清助学金，你倒是头一个。"

"如果我能尽早还清，你们就可以再把这笔钱借给别的清贫学生了；所以我拼命努力并设法筹措。"玛丽回答。她那善良的心地，使秘书十分感动。

玛丽又回到了华沙。

在三天的归程当中，她心中不断地萦绕着悲喜交织之情，一方面是与父亲久别重逢的喜悦；一方面又是与彼艾尔依依离别的哀伤。

看到了久别的女儿，父亲兴奋地说："玛丽，你终于回来了，我等了好久呢！你以后不会再到别的地方去了吧？你看，爸爸等你，等得头发都白了呢……"

看见父亲欢天喜地的样子，玛丽实在不忍说出要和彼艾尔结婚的事。

但是，她此刻耳际仍回荡着离别时彼艾尔的殷殷叮咛。彼艾尔曾以柔和的声调说："玛丽，10月一定要回巴黎来啊！"

怎么办呢？她无时无刻不在思索着这件令她左右为难的事。

有一天，父亲跟玛丽说："今年夏天，我们父女俩到外地去旅行吧！"

这是一次期盼已久的旅行，一路上洋溢着兴奋和快乐，同时，彼艾尔的情书也锲而不舍地随着她的行踪而至。

亲爱的玛丽：

见信如见人。接到你的信是令我最感雀跃的事。

相信此次旅行，一定可以使你身体健康、精神愉快，也相信秋天一到，你一定会到巴黎来。

假如你真的返回巴黎，不只是我个人的幸运，也是你自己的福气。因为在巴黎，你可以更深入地钻研学问，为人类做一番有意义的事。

彼艾尔

玛丽看了这封信，颇有同感，因为她实在太酷爱知识了；但是，为了追求学问，必须离开敌人蹂躏下的华沙，到人文荟萃的自由巴黎，但一想到父亲，她就又舍不得离开了。

其实，玛丽的父亲早就从布洛妮亚的来信中知道了一切。

彼艾尔生长在一个很高雅的家庭，兄弟们都是一流的学者，彼艾尔本身更是卓越的物理学家，应当是玛丽的良伴。所以，旅游归来后，父亲就主动地探试玛丽说："玛丽，你隐瞒了一件重要的事，没告诉爸爸。"说着，便拿出布洛妮亚的来信给玛丽看。

"爸爸，请原谅。我实在不敢跟您提这件事，因为我如果和彼艾尔结婚了，那就必须在巴黎定居，您会很失望的。"

想不到爸爸却神情开朗地说："我了解你的心情。你定居法国，我是孤单一点，但你也是为了研究学问啊，做爸爸的我，总不能反对你做有意义的事吧？至于彼艾尔在物理学上的成就，无须布洛妮亚提，我也知道，我怎会反对你和他结婚呢？爸爸虽然会寂寞些，但这并不是问题，我同意你们的婚事。"

多么宽宏的父亲，多么伟大的亲情，玛丽的泪水几乎快夺眶而出了。

背景知识

彼艾尔·居里

彼艾尔·居里是人类历史上最伟大的科学家之一。

彼艾尔·居里出生于1859年，玛丽生于1867年。他们在1895年结婚，1897年底玛丽开始做博士论文，她的导师是索邦大学（巴黎大学一部）的李普曼，但玛丽是到彼艾尔的实验室做的实验，很快演化成了他们夫妇的合作，在几个月之内就发现了新的放射性元素。1903年他们获得诺贝尔物理奖，1906年彼艾尔去世，1911年玛丽获化学奖，1934年玛丽去世。次年他们的女儿女婿获奖。虽然看上去他们一帆风顺，可是，彼艾尔第一次竞选法国科学院院士时落选，而玛丽则终生未进法国科学院。是否当选院士，自然对一位科学家来说是事关荣誉和认可的问题。另外，当时的科学结构中，法国科学院还是科学交流和研究经费掌管的主要机构。这样对法国科学家来说，当选院士又有更多一些意义。比如，因为居里夫妇都不是院士，当他们的开创性发现在1898年出来时，他们的论文是由具备院士资格的科学家在法国科学院代讲的。

彼艾尔·居里先生

居里夫妇被科学院拒之门外的原因有不同之处。彼艾尔从小就有性格孤僻的倾向，家庭不是彼时的“上流社会”，自己又不是擅长交往的人，上的学校也不是最时兴的，他得到的教职是在物理化学学院，而不是邻近的名牌索邦。事实上，他在1898年和1902年二度争取索邦大学的教职都被拒绝。1902年他第一次被提名竞选科学院士，也未成功。对此，彼艾尔并非像有些描述所写的那样毫不在意，从他给朋友的信中，可以看到他是不高兴的。1905年，在他们发现放射性元素八年、获得诺贝尔奖两年后，彼艾尔才入选法国科学院。而这时候的社会和科学界的一部分人，想当然地把玛丽作为配角，甚至有报纸发表彼艾尔当选院士的“访问记”，称她为丈夫的成功非常高兴，而她作为女子唯一的雄心就是帮助丈夫工作。这个“访问记”第二天就被居里夫人投信否认：我没有与贵报任何人说过话，而且从未对任何人表达过那些意思。

琴瑟合鸣

1895年7月26日，玛丽经过一年多的迟疑和考虑，终于决定嫁给彼艾尔·居里。

婚礼在西奥里镇行政总署的小礼堂里举行。彼艾尔的父母、布洛妮亚一家、专程从华沙赶来的斯科罗特夫斯基、希拉、约瑟夫，还有彼艾尔的一些同事以及朋友参加了他们的婚礼，共同见证了这一对新人的幸福时刻。没有香槟，也没有热闹的聚

居里夫妇新婚骑车郊游

会，礼物只有两辆用表亲的礼金买的崭新的自行车，当然还有亲人们最真挚的祝福。

新婚过后，就是蜜月了。两个人决定出去旅行，交通工具就是那两辆自行车。1895 年 7 月底，他们带着几件衣服和两件胶布长斗篷，带上面包、干酪、水果和水，开始了逍遥自在的自行车之旅。一路上，他们欣赏法兰西乡间的美景，呼吸带有青草气和雨水香的空气，累了便就近找块草坪，铺上斗篷，来个简单又不失浪漫情调的野餐。到了晚上，他们找间便宜的乡村旅馆——这里可以喝到热乎乎的汤，可以歇一歇疲乏的身体。第二天则又容光焕发地继续前进。

彼艾尔热爱自然，热爱生活。作为一名科学家，他的视野不只是局限于试管、天平这样冷冰冰的没有生命的仪器上，对大自然中的那些活蹦乱跳的青蛙、蜻蜓等小动物，他同样是充满好奇。等到雾散雨停晴空万里的时候，两个人把自行车寄存在农夫家，离开大道，走向一条弯曲泥泞的小路——有时候，旅行时稍微改变一下路线，转换一下视野，可以发现另一番天地。为了方便行走，玛丽剪短了裙子，穿上一双耐磨的平底鞋，腰间束着一条宽厚的腰带，带子上有一个小口袋，里面装着出行要用到的小东西。彼艾尔带着一只指南针，背着一些水果和面包，紧紧拉着妻子的手，大步前行。两个人走在充满湿润的泥巴味的小路上，听着青蛙在耳边你唱我和，彼艾尔随手摘下小路旁的鸢尾花和浮在水面上的睡莲，送给妻子。天地万物，仿佛只剩下这幸福的一对。

1895 年的夏天很快就在这幸福而愉快的旅行中过去了。10 月份，他们从乡下度假回来，他俩租下了一栋公寓的五楼。每天，彼艾尔都到理化学校授课，玛丽则到实验室工作。傍晚时分，两人携手并肩踏上归程。

他们的屋子里，只有书架、桌子、两张简陋的椅子，此外便空无一物。因为玛丽认为不必要的东西就不要买，多一种家具，就得多费一番整理的功夫，读书时间自然就减少了。

的确，对他们来说，家具简单也有好处，来客没椅子坐绝不会久留，这也是打发闲客的良策。

有一天，老居里来看他们，见到屋里的情形，便说："你们需要什么，尽管说，我买给你们当新婚贺礼。"

玛丽告诉了公公她的想法。老居里觉得有点不可思议，但是也为他们不愿浪费一分一秒的研究时间而感动万分。

尽管彼艾尔的月薪只有 100 法郎，这对勤俭持家的玛丽来说，却不觉得苦；但是，如果为了研究而购买大批参考书的话，就显得拮据了。为了贴补家用，玛丽便开始准备参加中学教师资格考试。

玛丽已不是普通的家庭主妇了，她可以说是身兼数职。

她必须煮饭、烧菜、洗衣、打扫……还要做实验，并为了参加中学教师资格考试而牺牲睡眠时间。

时间排得紧迫，使得玛丽连购物的时间都不充裕。每天早上，她都利用彼艾尔还没起床的时候上菜市场，傍晚和彼艾尔一起回家时，再顺路到食品店买点东西。

最初，玛丽对做饭深感头痛。因为她从中学毕业后就一直没有下厨的机会，大学时代又过着啃面包的生活，对烹调简直一窍不通。如今结了婚，总不能再这样啊！于是，玛丽经常抽空到姐姐家学做菜。但烹调功夫是无法速成的，即使照食谱做，也不见得色香味俱全。幸亏凡事不太计较的彼艾尔根本不在意，他甚至不曾发现玛丽瞒着他，苦心去学烹调。

“怎么样？好吃吗？”

“什么怎么样？我正在想一个方程式呢！”

为了想博得彼艾尔的欢心，她两天前才去学了这道汤的烧法，如今一听彼艾尔的回答，真是啼笑皆非。彼艾尔根本不在乎学问以外的事。

玛丽也是一样，不管家务如何忙碌，研究工作绝不中断。每天用毕晚餐，收拾干净，记好一天的开支后，便开始读书了。

夫妻俩常常面对面而坐，在石油灯下准备功课，他们家的灯光往往过了午夜12点，甚至到清晨3点还亮着。

第二年的3月，约瑟夫写了一封信给玛丽，告诉她希拉要结婚了，请她回华沙参加婚礼。玛丽看完信随即写了一封回信。

哥哥：

来信收悉。我由衷祝福姐姐快乐幸福，但实在抽不出空回去。

我们每天过的是读书、做功课的生活，既不看戏，也不听音乐，没有一丝一毫的娱乐。

我们不得不过着如此刻苦自励的俭朴生活，因为我期望着能顺利通过资格考试而成为中学教师，这对我们的经济情况极有帮助。

最后，请代向姐姐道贺，并请原谅我不能前去参加他们的婚礼。

妹玛丽敬上

在炎热的8月里，玛丽终于以第一名的成绩通过教师资格考试。彼艾尔高兴地说："恭喜你啊，玛丽。咱们庆祝庆祝吧，打算上哪儿去玩?"

"骑脚踏车去兜风吧。"

居里夫人和两个女儿

于是他俩快乐地骑脚踏车到高原地区玩了一趟。虽然生活步调很紧凑，但是他们却不忘怀美丽的大自然。偶尔，他们会到空气新鲜的乡间去，松弛疲惫的精神和肉体，然后在大自然的抚慰下，重新恢复研究创新的活力。

他们越过高原，渡过溪涧，在夕阳西下时，投宿于乡村旅店。对他们来说，在美丽的月夜骑车兜风，是一件其乐无穷的事。

1897年9月12日，玛丽生了一个女儿，取名叫伊雷娜。伊雷娜后来也获得了诺贝尔奖，但是她在初生之际却瘦弱不堪，常让玛丽操心忙碌。

为了胜任既是人妻、人母，又是学者的重担，玛丽全力以赴，结果由于疲劳过度，身体逐渐衰弱了，后来经过姐夫卡基米尔的诊断，证实罹患肺结核。

背景知识

严厉的母亲

居里夫人的大女儿伊雷娜于1939年荣获诺贝尔化学奖，小女儿艾芙日后成为杰出的音乐教育家和传记作家。

当伊雷娜和艾芙还在幼年时期，居里夫人就不许女儿怕黑，不许在雷声轰隆时把头藏在枕头下，不许怕贼与流行病。在第一次世界大战战火纷飞的恐怖日子里，居里夫人强迫她的女儿暑假到国内外旅行，并让她俩给战士织毛衣。她俩还加入收获队，代替男子冒着危险去抢收麦子，从小培养她们勇敢而有主见的独立人格。

居里夫人和女儿艾芙（左）、伊雷娜（右）

每天功课一完，这两个孩子就被带到外面去。不论天气如何，伊雷娜和艾芙总要步行很长的路。自家的花园里还设置了一个横架，上面有吊杆、一条滑绳、一副吊环，让她们在家里进行体育锻炼。而居里夫人无论多么疲倦，她总要陪女儿骑自行车出游。在 1911 年暑假，居里夫人带女儿第一次去波兰旅行，姐妹俩学着骑马，居里夫人背着旅行袋在前面引路。她们在山里旅行了五天，晚上住在山民的小屋里。

为了发掘孩子的天赋，当女儿刚上学时，居里夫人让她们每天进行一小时的智力工作。当姐妹俩入中学后，她就让女儿每天放学后再上一节“特殊教育课”，即在索文本的实验室里，请人教姐妹俩化学、数学、文学、历史、雕塑、绘画及自然科学。

坚强的玛丽不禁有点担心，因为她母亲就是因为肺结核过世的。

想起母亲，玛丽的眼眶湿润了。

姐夫劝她静养数个月，但玛丽的脑海里立刻浮现出母亲静养归来后瘦得不成人形的模样，因此坚持拒绝静养。

“我还年轻，才 30 岁，而伊雷娜还小，我也必须继续我的研究工作。我要靠自己坚强的意志去克服病魔！”

玛丽请了一个奶妈照顾伊雷娜。当他们上班时，奶妈就陪着伊雷娜；有时让伊雷娜坐在娃娃车里，推到公园散散步。

伊雷娜在公园里开心地玩着，玛丽有时也会离开实验室到这里陪陪孩子。

虽然请了奶妈，但是洗澡、换尿布的事，玛丽不肯让别人做，因为这是一份令她喜悦的差事。

后来，伊雷娜罹患了百日咳、流行性感冒。伊雷娜痛苦的啼哭声使他们无心读书，一连好几夜都在病榻旁守护。

老居里先生（他是个医生）说：“由我来照顾伊雷娜吧，这总比由奶妈带着好。”

1904 年摄。彼艾尔之父、伊雷娜、居里夫妇

老居里先生自从伊雷娜诞生后不久就丧妻，过着鳏居生活，为了缺人照顾的伊雷娜，他决定和儿子媳妇住在一起。

彼艾尔另外找到一个光线良好、较为宽敞的公寓，举家搬了过去，从此这个家除了年轻的夫妻、可爱的孩子外，还多了个慈祥的爷爷共享天伦之乐。

这位既是学者又是医生的老人家，尽量避免干扰儿子媳妇读书，只专心教育小伊雷娜。

家里既然有人帮忙照料，玛丽又萌生了着手另一项研究的计划。

此时她已获得物理、数学学士学位，并完成了法国工业振兴协会委托的钢铁磁气研究，也取得了中学教学的资格。下一步她想做什么呢？她想写博士论文。

彼艾尔及老居里医生也由衷鼓励她。

日后，玛丽能够走过无限艰难的道路而迈向成功，成为世界一流的科学家，也是因为有他们的关照及勉励在支持着她。

第四篇　攀登科学高峰

科学是不分国界、阶级、种族的，科学无祖国。它应该打破狭隘的局限，服务于全人类！

——居里夫人

仓库里的实验室

在有了女儿之后，居里夫人享受着作为一名母亲的快乐。不过，尽管居里夫妇的生活十分美满幸福，但是他们并没有忘记自己作为科学研究者的身份。尤其是居里夫人，她不认为自己需要在生活和事业之间做出抉择，她有信心同时胜任妻子、母亲、学者三重角色。

玛丽生性喜欢冒险，小时候，即使要到同一个地方，她也要尝试走不同的路，甚至去寻找别人不知道的路。而且，从日常生活中也可以看出她的这种个性。

她更是一个不畏艰难的人，无论遭遇何种困难，一定会设法解决的。如今，她不但想写博士论文，而且也想选择别人从未做过的研究，因此她先详细阅读了物理化学界各种最新的实验报告，以便决定研究题目。

19 世纪末，正当物理学家们为经典物理学的辉煌成就举杯祝贺，一部分科学家宣称物理学的大厦已经初步建成之时，从 1895 年（玛丽和彼艾尔结婚的那一年）起，一系列难以想象的伟大发现突然迅速地涌现。

首先是 1895 年 12 月德国物理学家伦琴发现 X 射线。接着，法国物理学家柏克勒尔于 1896 年 3 月发现“铀”元素具有的天然放射性。把含铀的一种化合物放在用黑色纸包好的照相底片上，铀的射线可以透过黑纸使底片感光；“铀射线”和 X 射线一样，能把周围空气变成导电体，使验电器放电。

关于柏克勒尔发现铀元素放射性的消息报道后，在科学界引起了轰动。而此时居里夫人正面临着一个任务，就是选择博士论文研究的课题。在阅读了近几年的科学期刊后，居里夫人注意到了柏克勒尔教授的关于铀射线的论文，终于，她选定法国物理学者亨利·柏克勒尔的研究报告，展读再三，兴味盎然。

居里夫人实验室内景

柏克勒尔教授的研究报告在物理学上极富启发性，他的研究虽然尚未完成，却很可能成为某种伟大研究的开端。

这些资料使玛丽下定决

心，一定要进一步探索柏克勒尔射线。

这种铀射线显得有点神秘，而且有一个问题让她不明白：铀射线的能量是从哪儿来的？这也是一直以来困扰柏克勒尔和许多科学家的一个问题。居里夫人觉得这个问题很值得研究，在与彼艾尔商量了以后，她决定把它作为自己博士论文的研究课题。对玛丽来说，这是她最感兴趣的研究目标，说不定还会发现新元素呢！

居里夫人的决定聪明而又大胆。首先，能量来源的问题十分棘手，用已有的科学概念几乎无法对它进行解释，可居里夫人偏偏选中这种难度大、内容新颖的研究课题！其次，当时世界上还没有任何一位女性能成为理科博士。居里夫人明白，要想同男人建立平等的关系，她的论文必须有独特的内容和实质性的科研成果。再次，居里夫人也是怀着又惊又喜的心情发现，柏克勒尔的重要发现尚未被人们重视，几乎还没有人做进一步的研究，因此选这个题目研究，取得成功的机会比较大。但与此相关的困难是参考文献太少，几乎一切都得自己从头干起。

居里夫人在丈夫的鼓励下，着手做初步的研究工作，到实验室去做种种精密细微的实验。可自己的实验室在哪里呢？即使在十分重视科学的法国，也只有极少数有地位的学者才拥有自己的实验室。

但是，实验室要设在哪里呢？经由彼艾尔和理化学校校长协商的结果，由学校借给他们一间仓库和一间堆置机械的住房。

仓库简陋不堪，没有地板，屋顶也会漏雨，夏季闷热自不待言，冬天的寒风从缝隙吹入的滋味也不好受，内部只有一块旧黑板和一个会晃动的桌子以及一个烟囱生锈的壁炉。

巴黎理化学校的仓库小屋，是居里夫妇的研究室

早在理化学校还附属于巴黎医学院时，这里是尸体解剖室，因而光线幽暗，湿气又重。里面潮湿得冒水，设备很简陋，也没有研究所需的一切材料。可居里夫人毫不气馁，经过努力，这个简陋的屋子很快就成了她的“第一个”实验室。居里夫人觉得太冷的时候，就在她的工作笔记本上记下摄氏温度计指明的度数，例如，1898 年 2 月 6 日的记载是：“温度 6 度 25 分。”居里夫人还在这个数字后面加上了 10 个惊叹号，表达自己的不满。

湿气重，对玛丽的病体会产生不良的影响，也很可能影响电流计的准确度，但他们已经别无选择了。

不过，这里毕竟是居里夫人的第一个实验室。以后她又换过许多个实验室，但这里却是她实验室生活的起点。

德国化学家奥斯特瓦尔德在参观了居里夫妇的实验室后，难过而又愤愤不平地说：“在发现镭之后不久，经过我的恳切请求，终于被允许进去参观居里夫妇的实验室。我走进实验室，发现那竟是一所既类似马厩，又好像马铃薯窖般简陋的房子。如果不是在工作台上看到一些化学仪器，我真会认为这是一个天大的恶作剧呢。”

这时，一位年轻的化学家安德烈·波恩特地到他们的实验室来，给予了他们精神上的鼓励。波恩是“锕”元素的发现者，他深知研究的艰苦。

“祝你们成功。”他握紧居里夫妇的手，由衷地祝福着他们。

居里夫妇高兴异常，在最艰难的时候，这位了解他们的同行来访，使夫妇俩勇气倍增、精神十足。

他们继续苦斗，但是经济状况愈来愈紧张了。

刚开始时，玛丽一直感到很疑惑，到底柏克勒尔射线不可思议的作用，是铀矿特有的现象，还只是偶然而已？其他物质是否也有同样的现象？如果是的话，那么除了铀之外，就必须再去发掘具有这种特殊现象的其他物质了。

把必需的仪器筹备得差不多以后，居里夫人立即开始着手重复柏克勒尔做过的实验——测量铀射线的强度。柏克勒尔在发现铀元素天然放射性的时候，发现了它有三种效应：可以使照片底片感光，可以使气体电离，对不同的物质具有不同的穿透力。

正在看试验报告的居里夫人

居里夫人通过细致耐心地测量，证实了铀射线的强度仅与铀化合物中铀的含量成正比，与化合物的组成无关，也不受光照、加热、通电等诸多因素的影响。这样，居里夫人进一步证实了柏克勒尔的结论：铀射线的放射是一种原子过程。

当居里夫人精确地、定量地测定了铀射线以后，她作为一位优秀科学家的素质在这时充分地显露出来了。她研究得越是深入，越是感到铀射线具有一种非同寻常的性质，与以前所有的研究结果大不相同。于是，她正好在柏克勒尔止步的地方勇敢地向前迈出了一步。她考虑到虽然现在只能观察到铀可以自动放出“铀射线”，但是并没有任何证据可以证明铀元素是唯一能发出这种射线的化学元素。别的元素就不能发射这种射线吗？柏克勒尔也许是由于一种偶然的原因先在铀元素里发现了它，但若因此就把它设定为只有铀元素才具有的发射本领，那未免有些以偏概全了。于是，居里夫人决定检查当时知道的所有元素。她先找来几种矿石和化学物品，一一做了实验。

通过实验，居里夫人得出了一个结论：钍也是一种放射性元素。那么，放射现象绝不只是铀的特性，必须给它一个科学的命名，居里夫人提议把这种现象叫作“放射性”。铀和钍这些具有放射特性的物质，就叫作“放射元素”。

放射性使居里夫人着迷。她不知疲倦地连续用同样的方法研究各种不同物质。除了单质的元素和简单化合物外，她更进一步检查各种复杂的矿物。结果是：含铀或钍的矿物，就有放射性，而其他矿物基本不具放射性。

但问题出现了。当居里夫人检查到一种沥青铀矿时，她发现这种矿物的放射强度，远远超过按它所含铀量应有的强度！

“也许是弄错了吧？”居里夫人怀疑这是实验所出现的误差。与所有的学者一样，她对于出乎意料的现象的第一反应，总是持怀疑态度。

她开始用同样的矿物重新实验。她反复做了十次、二十次，结果总是一样。她不得不承认一个事实：光凭这些矿物中铀和钍的含量绝不能解释这种异乎寻常的放射强度。

那么，这种反常的过度放射性是从哪里来的？毕竟在前面的实验中，居里夫人已经把当时所有的已知元素都检查过了。在这种情况下，合理的解释似乎只有一个：既然放射性是一种原子特性的表现，那么更强的放射性当然表明这里有新元素存在。这种推理十分合乎逻辑，但它仍然只是为有新的放射性元素存在提供的一种推断，进一步的任务就是要找到这种新的元素。

居里夫人实验室外景

居里夫人知道要从矿石中提炼出这种极其微量的元素绝非轻而易举的事，毕竟从古到今，也不过才发现八十种左右的元素。但是，居里夫人性格中那种刚毅的意志、一往无前的精神，充分发挥出了它的作用。就像四年前居里夫人自己所说的那样：“我们任何一个人的生活都不容易，但是那有什么关系？我们应该有恒心，尤其要有信心！我们必须相信，我们既然有做某种事情的天赋，那么无论如何都必须把这种事情做成。”这种“事情”，就是把科学送到一条前无古人的道路上去！

在这之前，彼艾尔虽然没有直接加入这项工作，但他一直关注着妻子实验的进展，并时常把自己的意见告诉玛丽。但是现在，鉴于实验结果惊人的重要性，彼艾尔决定暂时放下自己进行的结晶学的研究，同妻子一起寻找这种人类还不曾知道的新物质。

在大量的紧迫工作出现，并急需要有合作者的时候，居里夫人身边总会有一位大物理学家及时出现，这位大物理学家就是她的终身伴侣彼艾尔。彼艾尔没料到的是，他的这一“暂停”竟一直延续到他不幸去世为止。从此，在那间潮湿狭小的“实验室”里，居里夫妇为人类的科学事业共同拼搏奋斗。他们的合作，是人类科学史上最美妙的一曲交响乐。

他们以放射性为基础，采用分步结晶这一新的化学方法，从沥青铀矿中分离出新的放射性物质。1898 年 7 月，他们两人开始联名发表文章。他们的第一篇文章的题目是《论沥青铀矿中的一种放射性新物质》。

居里夫妇在实验室

在对新元素的探索工作开始之后，居里夫妇的工作就无法分清哪一部分是哪一个人的成绩了，并且面临着发现新元素的可能。居里夫妇从1898 年5 月或6 月开始合作，直到八年之后，这种合作才被一次不幸的意外终止。

居里夫妇开始耐心地探索。他们先依照化学分析的普通程序，把组成沥青铀矿的各种物质分开，然后逐一测量它们的放射性。连续淘汰几次后，他们渐渐发现那种“反常的”放射性，隐藏在这种矿石的某几部分中。工作越向前进展，探索的范围就越缩小。他们紧紧追踪着放射性元素的走向，在实验室一干就是一个通宵，常常连饭也顾不上吃。

几个月过去，不知不觉中，夏天来临了。他们没有白费时光，在这几乎和外界断绝来往的几个月里，他们终于将沥青铀矿中的所有成分都分离开了。化学分析又给他们带来了新的意外，所有的实验都表明，放射性主要集中于沥青铀矿的两个化学部分里。其中一种是在沥青铀矿含钡的化合物中，另一种在含铋的化合物中。这就是说，如果他们的推断是合理的，那么只要将这两种化合物再度分离，就可以找到新元素。他们又进一步确证，在含铋的化合物中，铋的放射性并非来自铋本身，而是混在铋内的一种极其微量的元素。

经过反复实验，他们认为可以利用两种金属溶解度不相同的特点进行再分离。加水使铋盐溶解后，他们首先从沉淀下来的渣滓中找到了放射性特别强的物质。

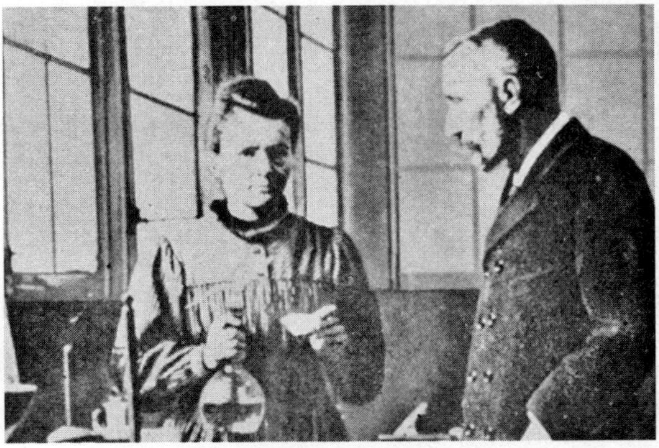

在实验室内研究的居里夫妇

新的发现正向他们热情地招手！居里夫妇怀着激动而急迫的心情，加快了工作的进度。到1898年7月的一天，他们终于在含铋的化合物里找到了一种新元素。

彼艾尔对他年轻的夫人说："你应该给它起一个'名字'。"

居里夫人默默地闭上了眼睛。她想到了那已经从世界地图上消失了的祖国，她隐约觉得这个重要的科学发现将会在德国、俄罗斯、奥地利那些压迫者的国家发表，于是对丈夫说："我侨居在远离祖国的土地上，而我的祖国已经从地图上消失了，但是我要让祖国的名字永远铭刻在人们的记忆中。我们可否叫它'钋'?"（钋 Polonium，这个词的词根和波兰国名的词根一样，居里夫人以此来纪念她的祖国）

彼艾尔紧紧握住妻子的手，虽然她婚后成了法国公民，但她时刻没有忘记对祖国的爱，没有背弃青年时期的热情，彼艾尔太了解她了。

在1898年7月科学院的《论文汇编》里有这样一段文字：

> 我们相信，我们从沥青铀矿中提取的物质，含有一种尚未受人注意的金属，它的分解特性与铋相近。如果这种新金属的存在确定了，我们提议把它定名为"钋"，这个字来源于我们之一的祖国的名字。

这篇题目为《论沥青铀矿中的一种放射性新物质》的研究报告在《论文汇编》上发表之前，居里夫人已将原稿寄回波兰，交给她从前做初步实验时所在的工农业博物馆的实验室主任约瑟夫·柏古斯基。几乎在巴黎发表的同时，这篇文章也发表在华沙的一家画报月刊上。

在这篇文章中，他们写道：

有些含铀和铋的矿石（沥青铀矿、铜铀云母、非晶铀矿等）放射的柏克勒尔射线的性质很强……如果有些矿石的放射性比纯粹的铀和铋还强，那就可能含有一种比上述两种金属的放射性还强的物质。我们想尽办法分离存在于沥青铀矿中的这种物质……在不同的过程中，越到后来产生的放射性越强。最后，我们得到的是一种放射性比铀强四百倍的物质。

沥青铀矿是一种成分复杂的矿石，它以铀为主，另外还含有多种其他元素的杂质，包括银、铜、铋、钡、锶和钴等金属的化合物，这些杂质中究竟是哪一种成分含有放射性呢？这只能靠化学方法分离后，再用静电计比较其游离电流的大小才能鉴别。就这样，他们一边用物理仪器测试，一边进行化学分析，结果发现含铋的成分显示出强烈的放射性，其强度比同样质量的铀强四百倍！

1898 年 7 月 18 日，他们把这一发现提交法兰西科学院，由李普曼教授宣读。但是，法兰西科学院不认可这个报告。这是因为，钋的特性推翻了几世纪来学者们相信的基本理论。从化学角度来看，钋的化学特性和铋十分相近，未必是一种新的元素。而按照一般的习惯，一种新元素只有在看见了它、接触了它、称量过它，用各种酸加以对比，把它放进了瓶子里，并确定了它的“原子量”后，化学家们才会相信它的存在。而现在没有一个人见过纯净的钋，也不知道它的原子量，因此不少化学家对此抱怀疑态度。

但是，后来李普曼教授也承认了她的研究价值。1898 年 4 月 12 日，他在学士院例会席上说："玛丽·斯科罗特夫斯基·居里在实验室内发现，有一种具有强烈放射能的新化学元素可能存在。"

居里夫妇认为，用放射性方法检测、寻找新的元素是一种很有希望、很有效的化学分析方法，他们认为这种方法比光谱学分析方法更灵敏。但是，由于人们对放射性所知不多，因而不相信可以用放射性方法来寻找、确定新的元素，仍然认为只有运用元素的特征光谱才是唯一可行的确定新元素的方法。科学院也拒绝把放射性方法作为识别元素的依据。

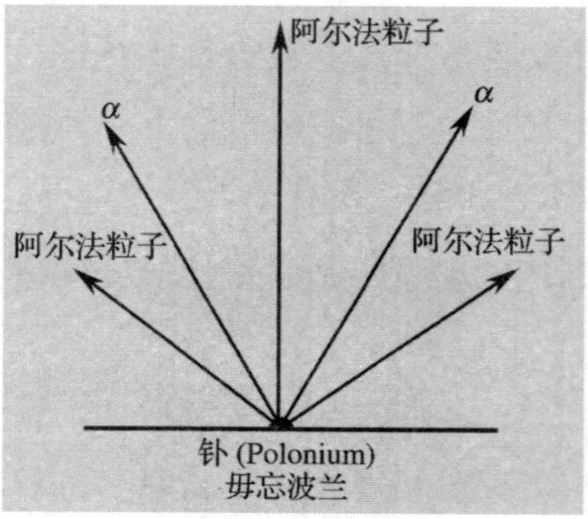

居里夫人发现的钋化学元素

找到了钋元素以后，他们并没有忘记另外一种亟待他们去发现的新的放射性元素。他们又回到那间小小的实验室，以同样的热情投入到继续寻找新元素的工作中。

这是居里夫妇从仓库实验室向物理学界发出的第一炮。他们研究的目的是想求证这种元素是什么，以及它在沥青铀矿内的含量有多少。

后来他们发现其含量竟然不及1%，以其含量之微，而能放出强烈的能量，这种发现震惊了学术界。

接着他们开始分析沥青铀矿，探索能发出放射能的成分是什么。最令他们惊异的是，具有放射能的竟然有两个新元素。

这时，开始换牙的伊雷娜也学会缠问此事及父母了。居里夫人做实验的同时也很挂念女儿，经常会跑回家看看。他们的收入不高，得精打细算才能让一家三口正常地生活下去。居里夫人在一本食谱上加道："我用八磅果子和等量的冰糖，煮沸十分钟，然后用细筛滤过，这样可以得到十四罐很好的果冻，不透明，可是凝结得很好。"对于女儿的成长，年轻的妈妈也细心地做了许多记录。例如：

伊雷娜会用小手表示"谢谢"了。她已经会用四肢爬了，并且会说："走啊，走啊，走。"把她放在毯子上，她会自己坐起来，会坐下去……

10 月 17 日："伊雷娜已经学会走路，她再不用爬了。"

1899 年 1 月 5 日："伊雷娜有十五颗牙了！"

背景知识

柏克勒尔射线

所谓"柏克勒尔射线"就是当时已公之于世的 X 光研究的再进一步的发展。

柏克勒尔教授认为还有类似 X 光线的东西没被世人发现，于是他便从事这方面的研究，想不到却意外地发现了金属盐——铀。

奇妙的铀盐，不必给予光的刺激，本身就能够放射光线。

而且，这种不可思议的光线，还可以透过不透明物质（如黑纸），且以周围的空气为导体而产生作用，即使长期放置于黑暗中，也照样能放射光线。

这种罕见的现象，后来经玛丽命名为“放射能”。至于“柏克勒尔射线”的能，到底是由什么所造成的？其放射性质又如何呢？

那时欧洲所有的研究所都未进行过此项研究，1896 年亨利·柏克勒尔向法国科学学士院提出的报告是唯一的资料。

钋

发现过程：

1898 年由玛丽·居里（Marie Curie）和彼艾尔·居里（Pierre Curie）在沥青铀矿中发现，为纪念祖国波兰，取名为钋。

元素描述：

密度 9.4 克/厘米^3。熔点 254℃，沸点 962℃。所有钋的同位素都是放射性的。已知有两种同位素异形体：α－Po 为单正方体；β－Po 为单菱形体。在约 36℃ 时，发生 α－Po 转化为β－Po的相变。金属、质软。物理性质似铊、铅、铋。化学性质近似碲。溶于稀矿酸和稀氢氧化钾。钋的化合物易于水解并还原。化合价已有 +2 和 +4 价，也有 +6 价存在。钋是世界上最稀有的元素。

钋同位素中最普遍、最易得的是钋－210，其半衰期仅有 138 天，其放射性比镭大近五千倍。钋－210 危险性很大，在操作时即便是很小量也要格外小心谨慎。

元素来源：

可由人工合成或由氯化钋用锌还原获得。

元素用途：

它与铍混合可作为中子源；也用作静电消除剂，在该种情况下，钋－210的放射性使空气发生电离，离子所带电荷中和了胶片所带静电。

元素辅助资料：

19世纪末，人们发现了铀的放射性衰变特性，并且认为放射性是铀元素所特有的性质。而当时在法国工作的波兰化学家居里夫人在测试收集到的矿物放射性时，发现沥青铀矿和辉铜矿的放射性比纯粹的铀的放射性更强烈。她经过细心重复地检验实验结果，找出了这些矿物中含有一种比铀的放射性强得多的元素。居里先生注意到了妻子的研究的重要性，就决定暂时停止自己在物质结晶方面的研究，同妻子共同寻找这个新元素。经过艰苦的工作，他们从巨量的矿石中分离出了这种放射性很强的新元素并了解了这种新元素的特性与铋相近。居里夫人为了纪念自己的祖国波兰，就提议叫这种新元素为polonium（钋）。

钋在沥青铀矿中的含量仅仅是一亿分之一，用一般的化学方法收集它是极其艰巨的任务。

钋的毒性：

钋－210毒性比氰化物高1000亿倍，算一算，0.1克钋可以杀死100亿人（氰化钠对人致死量为0.1克,），钋－210属于极毒性核素，它容易通过核反冲作用而形成放射性气溶胶，污染环境和空气，甚至能透过皮肤而进入人体，因此必须密封保存；美国原子核管理委员会规定，钋－210最大摄入量为1万亿分之0.8克。钋的α射线能使有机物质分解脱水，引发有机体一系列严重的生物效应。钋是放射性元素中最容易形成胶体的一种元素，它在体内水解生成的胶粒极易牢固地吸附在蛋白质上，能与血浆结合成不易扩散的化合物，对人体的危害很大。钋－210进入人体后，能长期滞留于骨、肺、肾和肝中，其远期辐射效应会引起肿瘤。急性钋中毒与外照射急性放射病的症状基本相似，到晚期突出的症状是肾萎缩和肾硬化。钋－210盐类的放射性很强，可使其盐溶液发生辐射分解，不断产生过氧化氢和臭氧等气体，并放出大量的热。当钋－210的浓度较大时，由于辐射气体所产生的气压不断增加，甚至引起盛放钋盐溶液的容器爆炸。

艰难地拼搏

居里夫妇的生活和以前一样，除了更加忙碌外，生活条件毫无改善。

玛丽经常利用夏天水果上市的季节，去购买便宜的水果自制成果酱，以供冬天时食用。除了做实验外，玛丽还得煮饭、烧菜、洗衣、照顾小孩，并照料年迈的公公，所以她的手像工人般粗糙。

在发现“钋”的狂喜之中，玛丽也糅杂了寂寞的情绪。此时，布洛妮亚和卡基米尔要回波兰开疗养院，准备为祖国的肺结核患者服务。

彼艾尔和玛丽的研究工作从来没有间断过。这对因为发现

“钋”而轰动世界的夫妇，在五个月后（12 月 26 日）的科学学士院会上，又发表了第二种新元素“镭”。这是她们向科学界发出的第二炮。

钋和镭的发现，在学术界引起一场震动。因为他们所发表的新元素的特性，推翻了长年以来学者们所坚信的物理学的某些法则。在以前，学者一直认为一定是受自外部的光，放射性物体的内部才会发出放射线来，但居里夫妻却发现了钋和镭的放射线是由本身内部自然放射出来的。

1898 年 12 月 6 日法国的《论文汇编》上发表了他们的第二篇文章《论沥青铀矿中含有一种放射性很强的新物质》。

钋和镭的发现轰动了科学界，他们在文章中还给出明确的实验对照：钋和镭的放射性比铀和钍强得多。底版在钋和镭的作用下三十秒即可得到极清晰的影像，而如果用铀和钍就要几小时才能得到同样的结果。但是，钋和镭只存在于居里夫妇的研究报告里，只存在于理论中。它们到底是什么样子？什么颜色？什么重量？谁也不知道，因为包括居里夫妇在内，还没有一个人看见过它们。

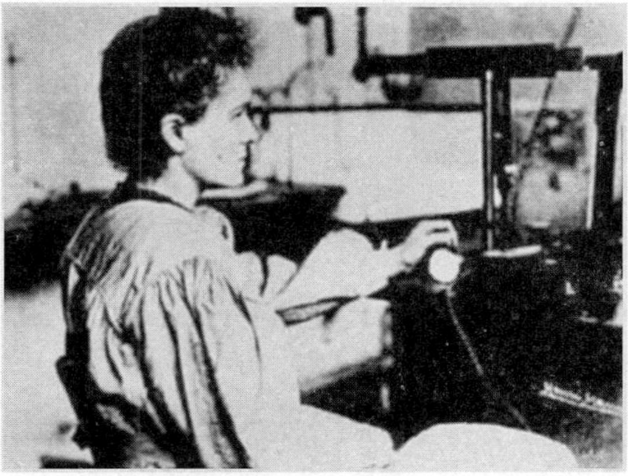

工作中的居里夫人

在科学界有一种很不好的现象，不少科学普及作品和某些科学史专著总喜欢千篇一律地把反对者、怀疑者描述成“顽固不化的”“阻碍科学前进的”势力，就连爱因斯坦也因不同意一些人对量子力学的诠释而背上了这种恶名。其实，在科学研究中如果没有各种各样的反对者、怀疑者，科学是根本无法前进一步的。

对于新元素的发现，化学家素来是十分谨慎的，一些化学家更是明确地表示：“没有原子量，就没有镭；把镭指给我们看，我们就相信你们，否则我们无法相信！”

为了平息各方面的怀疑乃至反对意见，居里夫妇必须设法提炼出纯净的钋和镭，并精确测出它们的原子量。为了把钋和镭指给不相信的人看，为了向世界证实这两种新元素确实存在，为了让人们看见它们的真面目，居里夫妇必须做这个工作。

居里夫人正在做实验（1923 年）

于是开始提炼纯净的钋和镭。居里夫妇在此后的四年中进行了科学史上最艰难地拼搏。从什么原料中提取纯钋和纯镭呢？这是他们首先要解决的问题。藏有钋和镭的沥青铀矿是一种很贵重的矿物，在欧洲，只有捷克西部波希米亚的圣约阿希姆斯塔尔矿炼制这种矿物，那是奥地利政府（当时捷克被奥匈帝国占领）开采出来用于制造玻璃的。同时，他们知道，沥青铀矿的价格十分昂贵，而他们需要的数量要以吨计，因此他们根本买不起。

好在他们有自己的穷办法。他们想，沥青铀矿在提取了铀之后，其中所含的钋和镭肯定原封不动地留在残渣中，那么在废矿渣中就应该能找出它们来。天然沥青铀矿很贵，但提炼后留下的残渣就便宜多了。

他们委托奥地利的承绪斯教授和维也纳科学院商议购买矿渣的事宜。结果运气不错，只支付到巴黎的运费。奥地利政府决定免费赠予居里夫妇一吨“无用的”矿渣，并且表示如果两人以后还有需要，可以按最优惠的条件出售。

可是这段时期，居里夫妇的生活状况还是没有太大改变。彼艾尔的工资一个月只有五百法郎，现在有了小孩，又雇了一个女仆和奶妈，他们几乎入不敷出。彼艾尔仍然在理化学院任职，虽然他成果累累，却得不到提升。

1898 年初，巴黎大学本来空出了一个物理化学教授的席位，彼艾尔也曾申请补这个缺，但却遭到了拒绝。一位支持他的教授对他说：“同你竞争这个位置的是一位高等师范学校的毕业生，再加上有些数学家也不同意你入选——他们认为你的数学水平还不够，你能有什么办法?”

背景知识

锕

锕 227 的半衰期为 21.77 年。它于 1899 年首先被法国科学家安德烈·波恩（André - Debierne）发现，随后在 1902 年德国化学家弗雷德里奇·奥托·吉赛尔（Friedrich - Otto - Giesel）

也独立地发现了该元素存在于沥青铀矿及其他含铀矿物中。人工制备锕的数量极少，其在商业和科学研究方面极为有限。与镭相似在黑暗中发光。其名字来自于希腊文“aktinos”，意为“射线”或“光束”。

居里夫妇的存款已经消耗得差不多了。想到这里，两人的心情都很沉重。

一天早上，玛丽正想开始工作，彼艾尔递给她一封信说道：“玛丽，这封信是日内瓦大学寄来的。”玛丽以疑惑的神情读着这封信：

彼艾尔·居里先生暨夫人：

闻知先生及夫人有关镭的研究，深表钦佩。兹以下列条件聘请两位担任我校教授并负责指导实验所工作。

一、彼艾尔·居里先生担任物理教授。

（薪水一万法郎，房租津贴另计。）

二、先生同时指导物理学实验所。

（有关实验所需经费面议，实验器材可追加购买，并提供两名研究助理。）

三、夫人由实验所给予正式职位。

瑞士日内瓦大学校长

这是一份条件优越、语气诚挚的聘书。有了一万法郎的薪水，又可添购实验器材了，这真是从天而降的大好消息。

彼艾尔几乎为之所动了，但是，第二天，玛丽却对彼艾尔说："我想了一个晚上，我觉得我们还是不要接受这份聘书比较好。"

彼艾尔为之一愣，但随后也明白过来了，说道："你说得对，玛丽，我也有同感。假如接了聘书，就得花好几个月来准备课程，无法再做镭的实验了；何况，这个实验要移到国外去，也没那么容易。如果不是远在日内瓦，而是在国内的话，那就可以接受了。"

彼艾尔耸耸肩，无可奈何地叹口气又说："但是，我们还是要为生活另外想想办法。我最近要辞去理化学校的教职，到医科大学预备学校去教书。"

玛丽也说："原谅我一直瞒着你，我也曾到凡尔赛附近的塞佛尔女子高等学校去应征。"

"哦，结果呢？"

"他们打算聘我当客座教授，教一二年级的物理课。从 7 月 29 日开始，为期一年。"

"那太好了，可是你会更忙不过来啊！"

"这也是不得已的事，为了生活嘛。而且镭的实验也不能中断啊！"

艰苦的生活，并没有打败坚强的玛丽。

站在讲台上授课的彼艾尔 · 居里

一天早晨，一辆负重

马车停在了理化学院门口。居里夫人穿着工作服就跑到外面来了。她看见人们把一些口袋往下卸时，迫不及待地剪断绳子，打开了其中一个口袋，想看看她的宝贝沥青铀矿渣。这些气味难闻的矿渣竟成了居里夫人眼中的宝贝，她显得分外高兴，以至于路上的行人都用奇怪的眼光看着她。

在那破旧的棚屋里，居里夫妇开始了他们一生中最英勇的时期。

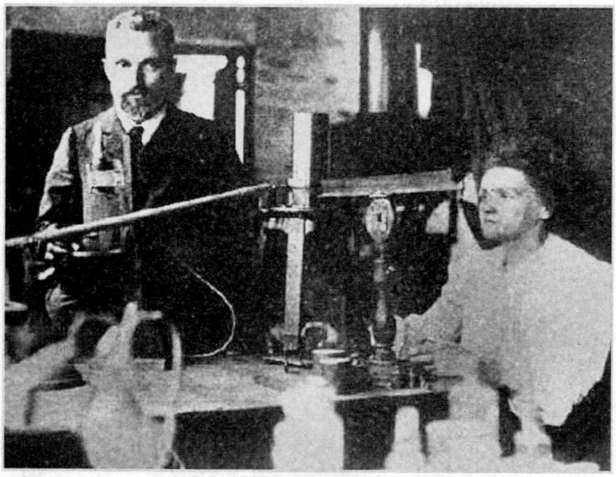

彼艾尔·居里和居里夫人一起做试验

他们两人做了分工：彼艾尔身体不好，所以负责继续研究镭的特性。居里夫人则负责从矿渣中提取纯镭盐。她干的都是连工人干起来都吃力的重体力活，她每次要把20公斤的矿渣放进一个大锅里，用水加热直到沸腾，然后把这些沸腾着的溶液从一个罐子倒进另一个罐子里，以便反复沉淀。她在日记中写道：“我一次提炼20公斤材料，结果棚屋里放满了装着沉淀物和溶液的大瓶子。搬运容器，移注溶液，在铁锅边一连几小时搅拌溶浆，可真不是一件容易的事。”

提炼过程中需要硫化氢，而硫化氢是一种有毒的气体，居里夫人的眼睛和喉咙被呛得很疼。他们没有通风罩，所以只能把这道工序放到院子里露天进行。如果碰到雨天，他们只好把实验设备搬到室内，把门窗全部敞开，让空气流通，否则他们会被刺鼻的浓烟呛得无法继续工作。点火、熔化、过滤、沉淀、倒出、再熔化……每天，居里夫人像一个锅炉工一样干着沉重的体力劳动。

居里夫人后来讲述道：

我们没有钱，没有实验室，而且没有人帮助我们把这件既重要又困难的工作做好。这真像是要从无中创造出有来。假如我求学生涯中的几年是姐夫从前说的“我的姨妹一生中的英勇岁月”，那么我可以毫不夸张地说，现在这个时期是丈夫和我的共同生活中的英勇时期。为了不中断重要的实验，我经常就在小铁炉上做点饭吃。有时我一整天都在院子里搅拌煮沸的溶液，使用的搅拌棍和我的个子一样高。到了傍晚，我累得连站都站不住了。

这真是人们永远不该忘记的“英勇时期”！居里夫人后来每次回忆起这段艰苦岁月，总说它是“我们生活中最美好的几年”。她还回忆道：

我们这间可怜的棚屋安静极了。有时，我们来回踱步，一面留意着某个实验过程，一面谈论着目前和将来的工作。我们觉得冷的时候，就从火炉上取一杯热茶喝，提提精神。我们像做梦一样只惦记着一件事……

他们两人将体力用到了极限，而现实也向他们显示了极其残酷的一面，美好的理想有时也对这些残酷的现实无可奈何。彼艾尔开始感到全身疼痛，有时连起床和行动都感到困难。诊断的结果是关节炎，医生认为这是由于棚屋的潮湿造成的。医生叮嘱他节制饮食，不要吃肉，不要喝酒。居里夫人的情况更差，她面无血色、浑身乏力，有时像得了嗜睡症一样，整日昏昏沉沉的。

自从 1897 年老伴去世以后，老居里大夫一直与居里夫妇住在一起。他看到儿媳妇的身体越来越差，坚决要她去医院检查一下，担心她患上了肺结核——她母亲就是因为这种可怕的疾病而失去生命的。居里夫人听从了这个建议，到医院去做了检查，结果还好，她并没有得肺结核。

但是镭似乎想保持它的神秘性，不希望世人认识它。居里夫人每天仍在一公斤、一公斤地炼制着沥青铀矿的残渣。圣约阿西姆斯塔尔矿先后又给她送来好几吨。每天，她既是学者、专业工人、技师，同时也是苦力。从前，居里夫人曾经认为矿渣里会有百分之一的镭，但是现在看来，恐怕含量能达到百万分之一就已经很理想了。工作日变成了工作月，工作月变成了工作年。在那漫长的、无法形容的艰苦日子里，这对夫妇几乎完全与外面的世界隔绝了，在这个木板屋里过着“反自然”的生活。

此后四年（玛丽 31 至 35 岁时），是他们为了探索世界奥秘最艰苦的时代。

夏天，炎热的仓库内弥漫着浓浓的烟雾，他们身上的工作服被灰尘和汗水渗透得脏兮兮的，眼睛、喉咙也被烟熏呛得刺痛，可是他们仍努力不懈地用大锅炉提炼矿石。

实验室实在太狭窄了，他们只好把机器搬到外面工作。每到秋季，巴黎经常有突来的阵雨，因此他们又得匆匆忙忙地把机器搬进屋子里。

寒冬时，窗户也必须随时开着，免得气体无法排出去而导致中毒，因此他们往往冻得连握笔做记录都成问题。

在有风的日子里，灰尘会吹入室内，吹走重要的卡片；有时工作进行得正顺利，伊雷娜却发烧生病了。

照顾孩子和老人、洗衣、煮饭……当玛丽把工作一件件做好时，已过了晚上 10 点钟了。此时，她又开始安排第二天的研究预订表、阅读参考论文……上床时往往已是凌晨两点。

这就是医生嘱咐必须静养的病人该过的生活吗？

第二年、第三年，一直都是这样过的。玛丽认为这时的生活，比起在阁楼上啃面包、喝白开水、趴在桌上为准备考试而忙碌的大学生活好多了。

居里夫妇不断地从奥地利购买沥青铀矿做实验，但是一直没有结果。

研究工作的困难及生活的艰辛使彼艾尔灰心了，但玛丽仍以坚强的意志鼓励他再接再厉。

他们每隔一年便发表一次研究报告，虽然没有什么突破性，却是物理学上有关放射能的重要报告，因此也颇受人们注目。

到 1902 年初的某一天，居里夫妇终于提取出了十分之一克的纯镭，并且初次测定了镭的原子量是225。居里夫人把最终测定的镭的原子量，在法国科学院以《论镭的原子量》为题宣布了。科学界再也没有人怀疑镭的存在了！虽然纯金属镭还没有提炼出来，但镭有它的特征光谱，有确定的原子量和它所特有的种种奇异特性，谁还能怀疑它不是一个新元素？

当这几千次分步结晶的产物最终提炼出来时，居里夫妇虽然已经精疲力竭（居里夫人体重减少了七公斤），但他们的兴奋之情难于言表！

这天夜晚，居里夫人上楼走进婴儿室，想看看女儿伊雷娜睡着了没有。下楼后，她又穿上衣服准备出门，彼艾尔知道她又想到实验室去看她的“宝贝”，于是也戴上帽子跟了出来。外面漆黑一片，他们手挽着手，默默地穿过夜晚的街道、工厂、空地，顺着几年来闭着眼睛也会走的路来到他们的棚屋，打开吱吱嘎嘎的门，走进他们的领地、他们的梦境。

居里夫人轻声说：“不要点灯！”接着她笑了笑，又说道：“还记得你对我说‘我希望镭有美丽的颜色’的那一天吗？”

“宝贝”就在他们面前的桌子上，镭不只有“美丽的颜色”，还能自动发出蓝白色的光。居里夫人小心翼翼地走上前，找到一把有草垫的椅子坐下。两个人看着那些光、那射线的神秘来源，看着他们的镭！居里夫人身体前倾，热切地望着，彼艾尔轻轻地抚摸着她的头发。

居里夫妇终于引起了法国和世界各国科学界的极大重视。法国科学院拨款两万法郎，用于“提炼放射性物质”。记者们也开始把他们无孔不入的目光瞄向这两位贫困而卓越的科学家。他们报道说：“神奇的、可以治疗癌症的镭，是由一位年轻的贤妻良母经过四年极其艰难的努力，才最终成功发现的——而那发现镭的地方竟是一间漏雨的破棚子！”这些报道像火把一样瞬间点燃了巴黎人高度丰富的想象力。

居里夫妇虽然有了这样巨大的成功，但在生活方面，他们还有种种烦恼。彼艾尔在理化学院每年授课 120 个小时，还要指导学生做实验，可是每月500法郎的收入并不足以补贴家用。为生活所迫，彼艾尔不得不再找一份工作——到工艺学校当辅导老师。对于这位已经疲惫至极的学者来说，以他现在的健康状况，不仅不应该再加工作，连原来的工作也应该减少才对。可他们需要钱用，有什么办法呢?

除了生活问题外，这对夫妇还急需一个实验室，这在他们看来是比吃饭睡觉还重要百倍的事情。尽管他们给科学界带来了这样大的贡献，给法国争得了极大的荣誉，但他们还是只能在那个棚屋里工作。

其实，解决这些困难的方法很简单。只要彼艾尔能被任命为索邦的教授就行了。彼艾尔的工作成就已充分证明他能胜任教授职位，而且他的学问足，可以丰富学生的知识，提高大学的声望。如果这样，他的年薪将是一万法郎，教课钟点也可以比在理化学院少得多，还可能拥有一个实验室。

然而在法国，这对学者夫妇似乎很难得到科学界的肯定。对于彼艾尔来说，成为索邦的教授简直比找到镭元素还要困难。迫于生计，彼艾尔于1902年10月离开工艺学校，换了一个薪水较高的工作，到索邦附属预备学校做教师，居里夫人也到凡尔赛附近的赛福尔女子高等师范学校任教。

过多的教学工作影响了他们的工作效率，也影响了他们的健康。尤其是彼艾尔，他太疲劳了。设法减少他的“钟点”，已成为刻不容缓的事。1902年，法国物理学家马斯卡尔教授推荐彼艾尔做科学院院士候选人，并相信他一定能够当选。当选之后，他就不愁当不成索邦的教授了。

但是按照当时的规矩，申请者必须登门拜访所有的院士，争取他们投票通过。如果拜访不周，或者好话说得太少，就很难使他们点头。对于这种风气，很多正直的学者都很反对，彼艾尔更是其中的激进者。上楼、按铃、通报、说明来意，已经使他觉得十分耻辱，还必须陈述自己的资历，展示自己的头衔，细说自己的长处，夸耀自己的学问和工作。在他看来，这简直是丢人的行径。因此他索性对着那些院士们称赞他的竞争对手阿麻加，说阿麻加先生比他自己合适多了，应该当选为科学院院士。

结果不用说，二十票对二十三票，阿麻加获胜，彼艾尔落选。

1902 年 10 月，居里夫人回到实验室，将研究成果整理成论文，感到身心疲惫。为了挣钱，她一天也没停止过上讲台。

新的一年刚刚开始，彼艾尔的风湿病连连发作，剧痛使他痛苦不堪，整夜呻吟，吓慌了的居里夫人一刻不离地守着他。

虽然如此，居里夫妇的实验还是不能停止，在学校的教书工作也不能放弃。一次，彼艾尔对妻子说了一句诉苦的话："我们选择的生活太苦了！"

居里夫人本想反驳他的话，可是突然间，居里夫人想到，彼艾尔气馁到这种地步，是否因为他的力量已用尽？还是他得了可怕的不治之症？

"彼艾尔！"居里夫人惊叫道。

"怎么回事？亲爱的，你怎么啦？"

"彼艾尔……如果……如果我们两人中死了一个，那么剩下的一个也不可能继续活下去，是吗？我们两人是不能分开的……"

彼艾尔开始不清楚她说的是什么意思，等明白后，他十分坚定地对居里夫人说："你错了，如果我们之中有谁不在了，我们的研究也不能中止。我们的研究不仅仅是属于我们两个人的，科学家没有权利背离科学这个终极目标。无论发生什么事，一个人即使成了没有灵魂的躯体，还是应该照常工作。"

1905 年，居里夫妇到了瑞典，这是一次光荣的旅行。6 月 6 日，在斯德哥尔摩的瑞典科学院，彼艾尔代表他和妻子作了演讲，他的演讲题目是《放射性物质——镭》。

彼艾尔介绍了他们发现镭的经过及其包含的意义："要讲放射性物质的特性，我当然不可能只讲我们两人自己的研究工作。1898 年，在放射性研究工作开始之初，只有柏克勒尔和我们两人对这个问题感兴趣。从那以后，越来越多的研究工作开始进行，如果不提到这些物理学家们的工作，那就无法深入地讨论放射性研究。这些物理学家有卢瑟福、德比尔纳、埃尔斯特、盖特乐、盖斯勒、拉姆赛和索迪……

提供能量的能源，用它的放射性强度可以表示出它的能量的大小。在我与拉博尔德合作的研究中还发现，一克镭每小时连续释放的热量达一百卡。据所测量的结果来看，它释放能量的强度经过数年后都将不会改变，因此，镭释放的总能量是十分惊人的。"

由于镭所蕴含的能量巨大，人们自然有一个疑问，如果镭落到坏人手里，会不会成为危害世界的工具？对此，彼艾尔总结道："镭的发现，会不会给人类带来灾祸呢？可以想象，在罪犯手中，镭可以成为极危险的东西。因此有人会问：认识自然的秘密，是否于人类有益？人类是否已经成熟到能够利用这种认识获取益处，还是反而因这种认识引起灾祸？对这样的疑问，诺贝尔的发现就是一个典型的事例。烈性炸药可以帮助人类创造奇迹，然而在那些把人民推向战争的罪魁祸首手里，烈性炸药就成了可怕的破坏性武器。但是，我和认同诺贝尔先生见解的人们一样，认为人类从新发现中得到的利益，会比害处多。”

居里夫妇对于这次瑞典之行非常满意。在来斯德哥尔摩以前，居里夫妇还十分担心这次远行的排场太大，又会出现那种过分轰动喧闹的场面，需要应付许多接见、讲话和照相的局面。但他们却非常满意地发现，瑞典官员很少出现在这类科学活动中，瑞典科学院的安排也很有分寸，他们可以不受拘束地跟瑞典的科学家们真诚地交流。

在轻松愉快地做了演讲后，居里夫妇又在这个风景优美的国度里游览了几个城市。瑞典有许多湖泊和海湾，周围到处都是松树和柏树，一些红色的木房子，像星星一样点缀在海边，这使居里夫妇感到格外的温暖和亲切。

居里夫人故居

回到巴黎以后，居里夫妇又开始了新的研究工作。他们全身心投入到工作中去，白天在学校和实验室间奔波，晚上在家里翻阅各种科学出版物，在笔记本上记下一天的心得。

他们总是那么投入地

工作，生活中其他的事情似乎对他们完全没有影响。一次，女仆向正在吃饭的彼艾尔问道："先生，我看您吃了不少牛排，您觉得我做的牛排口味还好吗?"

彼艾尔半天才回过神来，反问道："什么? 我吃了牛排了吗?"接着，他低头看了看盘子，恍然大悟地说道："哦，我好像是吃了。不过真是对不起，我什么也不知道。"看着丈夫奇特的反应和女仆诧异的表情，坐在对面的居里夫人不由得发出了会心的笑声。

随着居里夫妇取得一个又一个研究成果，他们在国际学术界的名声也越来越大。法国政府再也不能对这两位诺贝尔奖获得者置之不理了。在他们拿到戴维奖章和诺贝尔奖后，1904年，巴黎大学给了彼艾尔一个物理学教授的席位，1905年7月，他们从瑞典演讲归来后，科学院才以不多的票数勉强通过彼艾尔成为院士中的一员。

其实，对于所谓的科学院院士的头衔，彼艾尔并不在意。他真正关心的是能否找到合适的实验场所，在棚屋中做实验毕竟不是长久之计。彼艾尔原以为成为索邦的教授后会拥有自己的实验室。然而结果却令他大失所望，这个新职位既不供给他实验室，也不给他研究经费。于是，彼艾尔不得不继续留在索邦附属预备学校，那里地方虽小，但毕竟有两间房可以做实验。

最后，经过几次努力，巴黎大学终于决定：虽然索邦里面已没有地方给彼艾尔，不过可以在居维埃路给他建两间屋子做实验室。

这两间屋子实在太小，放不下太多设备，而要想得到一所新的房子，又要等待八年。令人遗憾的是，一直到不幸去世，彼艾尔还是没有看到自己理想中的实验室的建成。

最终，上司们决定居维埃路的这个实验室由彼艾尔主持，还给他配了三名助手：一个实验室主任，一个助手，一个工人。实验室主任就是居里夫人。直到现在，居里夫人才被正式委任在一个实验室工作，有了二千四百法郎的年薪。此前她只是靠在赛福尔女子高等师范学校教书的微薄收入，补贴家庭生活费用。当然，不论这两间实验室让居里夫妇有多少不满之处，他们总算可以离开棚屋了。

再见了，棚屋……居里夫妇把棚屋里的一些仪器移到居维埃路。不过，他们对于棚屋的亲切感情没有改变，因为那里代表着他们的努力和他们的快乐。

在新的环境里，物质方面的麻烦结束了，研究工作立刻突飞猛进。彼艾尔也以几年来少有的轻松情绪对朋友描述居里夫人的生活状态："玛丽很活跃，她照料小孩，在赛福尔教课，在实验室工作。她一分钟都不浪费，并且比我更有规律地从事实验室工作，每天大部分时间都在那里。"

若干年后，居里夫人在谈起这一段时期为找实验室而经历的波折时，愤懑地表示："想到这里就是最后一次特许他使用的地方，想到一个在20岁时就表现出天才的法国一流的学者，竟会终生没有一个合适的实验室供他使用，真令人感到痛心。无疑，若是他活得长久一点，早晚他可以享受到使他满意的工作环境，但是到了47岁，他还没有这种待遇。热情而无私地从事着伟大的研究工作．却因为工作条件不完备而不能早日实现梦想，大家能否想象得到他是多么遗憾吗?"

此时的居里夫妇，无论是在科学理论知识方面，还是实验经验的积累上，都已经是完全成熟的科学家了。而且，两人之间又保持着难得的默契，正处在科学家最黄金的时期，许多研究课题正在前方等待着他们。

镭的发现

1902 年 4 月，居里夫妇终于达到成功的第一阶段了。这是从发表沥青铀矿里含有镭的研究报告以来，经过了三年九个月，好不容易才获得的成果。

居里夫人发现镭元素

“镭”已呈现在他们面前了。虽然只有一毫克，却是他们多年努力和血汗的结晶，也证实了镭这种新元素的确存在，因此这个仓库里的实验室立刻成为举世瞩目的地方。

为了实验的收获而兴奋的居里夫妇，激动得一连好几夜都睡不着。

“彼艾尔，今晚再去看看镭，怎么样?”

“好啊，走吧。”

已是夜里10点，老居里医生已入睡了，伊雷娜也已熟睡。玛丽想起实验室那一毫克的镭，再也无法静心看书了。

他俩披上外衣，走在寒冷的街道上。寂静无声的罗蒙街上，两旁的住家窗口透出瓦斯灯的蓝白光圈。

他俩静悄悄地走在街道上，心里想的都是镭。

实验室里一片漆黑，他们像是被桌上唯一的蓝白色磷光所慑住似的，朝着它一步一步地走过去。

放在玻璃盘里的镭，发出蓝白色的光，好像是来自一个遥远、陌生的世界一般。

历时三年九个月的艰苦尝试，镭终于呈现在他们眼前了。他俩在黑暗中，满怀激情地握紧颤抖的手，默默无言地伫立了很久，好不容易才抑压住兴奋而踏上归途。

一进家门，女管家揉着睡眼说：

“夫人，您刚才出去时，来了一封电报。”

是约瑟夫从华沙寄来的！玛丽怵然心惊，掠过一阵不祥的阴影。

父病危，速返。兄字

电报上的字，冷冷地映入她的眼帘。

“啊，爸爸……”玛丽被这突如其来的消息震骇得说不出话来。

“怎么了，爸爸怎么了？”彼艾尔赶紧抢过电报来看。玛丽立刻跌入悲伤的深渊之中。

“父亲是否收到我前几天寄回去的信呢？”在信上，玛丽向他禀明“镭”的实验已经成功了。

“一直盼着我成功的爸爸，却在我即将成功之际病危了，天呀！”

“爸爸，我会赶回去看您的，请您千万要等一等！”

约瑟夫曾来信告诉玛丽父亲的胆被切除了，手术情况良好，所以玛丽颇感安心，可是谁晓得事情会是如此呢？

老居里医生也从卧室里出来了，他觉得情况不是很好，因为玛丽的父亲年岁已大。

“我必须赶快回去！”玛丽当晚就收拾好行装准备动身。

可是，从法国到俄属波兰必须办理入境手续，等着入境证的玛丽心急如焚，上火车后，已是满身大汗了。

北欧的5月是气候最宜人的季节，窗外是重山叠岭以及花朵满树的田园景观。面对这一切美丽的景色，玛丽根本无心欣赏，她只觉得火车开得好慢、好慢。

“等等我呀，爸爸，我要再见您慈祥的面容。神啊！求你保佑我爸爸。”

玛丽日夜不断地祈祷。但是，令人哀伤的电报又来了。

“父逝。兄字”

“啊，爸爸，您终于去了。”

玛丽立刻从车上拍电报给哥哥、姐姐，请他们务必等她回家再举行父亲的葬礼。

抵达华沙时，父亲已被安置在花圈围绕的棺木内。玛丽请人拔去钉子，掀开棺盖。父亲像一尊大理石像般静静地躺着，嘴巴微张，似乎像是要对玛丽说些什么似的。

玛丽哽咽无言，希拉轻柔地说：“爸爸，您最疼爱的玛丽回来了，您安详的去吧，去天国和妈妈团聚……”

痛彻心肺的玛丽喊了一声“爸爸”后，再也压抑不住心中的悲恸而放声大哭。

玛丽的脑海里不断地浮现出如烟般的往事。她想起了16岁那年，要到斯邱基村的那个飘雪的早晨，父亲送她到车站的那一幕。

“爸爸，您多保重啊！”

“你也一样，玛丽。”

慈祥的音容，宛如就在眼前似的。

接着，玛丽又想起修完物理学士学位回华沙和父亲团聚的情景。

“爸爸……只要获得数学学士学位，我的愿望就算达成了，那时我绝不再到别的地方去，一定跟您在一起。”

谁知道事与愿违，命运难料，玛丽不仅不能承欢膝下，连父亲的最后一面也没见到。

玛丽像孩子般地哭泣着，跪在父亲棺木前祈求宽恕。

哥哥、姐姐告诉玛丽，自从她开始做镭的实验以后，父亲对巴黎科学学士院所发表的实验报告最感兴趣；至于玛丽写给父亲禀报已发现镭的那封信，父亲也收到了，他的兴奋之情，简直难以形容。

玛丽见到父亲的遗体后，一头扑到父亲的身上，失声痛哭起来，哥哥和姐姐们好不容易才把她从父亲身边拉开，并且劝说道：“当爸爸知道你给你发现的第一个元素取名为‘钋’时，他高兴得流了泪，和我们一起举起葡萄酒干杯，还高喊‘波兰万岁’呢。”

去世前六天，斯科罗特夫斯基先生挣扎着用颤抖的手给小女儿写了一封信，信上的字已经完全不像他平时那美丽规矩的字体。信上写道：

> 你现在有纯镭盐了！若是计算一下所费的劳力，这确是化学元素中最贵重的。这件工作似乎还只有理论上的价值，实在是太可惜了。华沙没有什么新鲜事，天气温和，仍很清凉。现在我必须回到床上躺下，因此我将结束这封信，并且亲切地拥抱你……

在去世的前六天，父亲曾写了最后的一篇日记，上面说："玛丽终于发现了镭，万岁！"

儿女们将父母亲葬在一起，葬礼过后，悲伤的玛丽再度回到了巴黎。

长年的积劳和哀伤过度，使她的身体无法再承受了，一到夜里，她就自己一个人在房里徘徊，她罹患了轻微的失眠。

彼艾尔也染患了关节炎，这都是因为疲劳过度所引起的。

对整个研究过程而言，镭的发现只算是向前迈进了一大步而已，离完成的阶段尚有一大段距离，玛丽为了整理实验报告，抱病不断地工作着。为了生活，夫妻俩不得不分别到各个学校去兼课。

在艰苦的生活中，玛丽仍然完成了一篇论文，名字叫《有关放射能物质的研究》。

巴黎大学文理学院组织了三人审查委员会，负责审查这篇论文，并对玛丽进行口试。

主考官是玛丽的恩师李普曼教授。师生情谊归情谊，但考试还是公正的。

玛丽对委员会提出的问题对答如流，而且态度从容，有时还拿起粉笔，在黑板上画图解或写公式。

口试时，旁听者不少，因为这时离她发现镭的时间不久，而且又是由发现者亲自解说，所以吸引了不少学术界人士。

彼艾尔、老居里医生，以及来自华沙的布洛妮亚也都坐在旁听席上，他们专注地聆听着玛丽和审查委员之间的问答。

这场口试，主考官和旁听者都很受感动。性情温厚的李普曼教授郑重地宣布说："本大学决议颁发荣誉奖和物理博士学位给玛丽·居里。"

接着又对玛丽说："我以论文审查委员的身份向你致以由衷的祝贺！"

在全场热烈的掌声中，师生紧紧地握住了双手。

本来，一般人都认为发现镭的主要功臣是彼艾尔，玛丽只不过是助理而已，这次的博士考试，使大家的这种想法总算是改变了。

<u>背景知识</u>

镭

镭，英文名称来源于拉西文 radius，含义是"射线"。这是一种十分神奇的物质。把一点儿镭放在玻璃试管中，白天看上去只是像一粒普通的食盐，然而在黑暗中，它却能够放射出十分强烈的光芒，甚至可以让人在光下读书。

镭虽然不是人类发现的第一个放射性元素，但却是放射性最强的元素。它比铀的辐射强两百万倍，而且放射性是持续不断的，根本不需要任何外界刺激。镭还含有极大的热能，而且可以自动放热。它在一个小时内放出的热量可以溶化与它同样重的冰。只要不受外界冷气的侵袭，它就会变热，比周围空气的温度高10℃以上。很多温泉中就含有这种镭射线。同时，它还蕴含着天然的能量，不用燃烧，其本身就能自动发热，但是外观并不发生变化。镭所含的热量，是同样重量煤的一百万倍。

镭还能把放射性传染给它周围的一切物质。居里夫人在文章中写道："实验室里用的各种东西以及物理实验用的仪器，在镭的作用下都会具有放射性。"镭能够穿过黑纸，影响照相底版；能使空气导电，并使远处的验电器放电；能使装它的玻璃容器成为紫色或者淡紫色的；能一点点地腐蚀包裹它的纸或棉花，使它们成为粉末；甚至能使实验室里的灰尘、空气、工作笔记本和衣服，都具有放射性。在居里夫妇去世三四十年以后，他们的工作笔记本仍然具有这种放射性，还能够影响到测量仪器。

因为强大的放射性，镭可以引起人皮肤的严重灼伤。有一次，玛丽拿着一个里面只有几毫克镭的小试管，当她试图拿出里面的材料时，试管上沾着的一粒晶体把她的手指尖烫伤了。这一现象引起了居里夫妇的注意，并且引起了他们极大的兴趣。为了得到准确的测试，彼艾尔不顾危险，亲自用自己的手臂实验。他写了一篇报告，详细地叙述了他所观察到的情况：

有六厘米地方的皮肤发红了，样子像烫伤，不过皮肤并无痛楚。即使觉得痛，也很轻。过些时候，红色并不扩大，只是颜色转深。到二十天之后，结了痂，然后变成了须绷带包扎的伤口；到了第四十二天，边上表皮开始重生，渐渐长到中间去；等受到射线作用后第五十二天，伤痕只剩下一平方厘米，颜色发灰，这表明这里的腐肉较深。

除这些强烈的作用之外，我们在用放射性很强的材料做试验时，手上还受了不同的影响。最常出现的是脱皮，而且拿着装有放射性很强的材料的胶囊封口的试管，手指尖会变得僵硬，有时还很痛。我们有一个人的手指尖发炎了，持续了十五天，不但出现脱皮，而且痛感过了两个月还没有完全消失。

镭的功效

一次，居里夫妇的朋友亨利·贝克特尔来实验室看他们，夫妇俩送给他一个装有镭的试管，他准备带回家去。但是他知道镭的厉害，不敢用手去拿，于是就用布层层包好试管，放到上衣的口袋里，以为这样就没什么问题了。结果回到家后，他发现靠近镭试管的那块肉被灼伤了。他对居里夫妇开玩笑似地说：“这个镭，真是神奇，真是绝妙。我爱它，也恨它！”实验证明，只有铅能够抵挡镭射线，因此，所有装有镭的玻璃试管，都必须放在铅盒中保存。

镭强大的放射性，给人类医学带来了福音。经医学研究发现，镭射线对于各种不同的细胞、组织，其作用是不一样的，有些繁殖快的细胞，比如癌细胞，一经镭的照射就会很快被破坏。这个发现使镭成为治疗癌症的有力手段。癌瘤就是由繁殖异常迅速的细胞组成的，镭射线可以有效地将其杀死，这是癌症患者的希望。以往医生对癌瘤根本无能为力，只能眼睁睁地看着患者死去，但是自从有了这种新的治疗方法，全世界都在对其进行积极地尝试。当然，镭射线在破坏癌细胞的同时也会杀死周围的健康组织，但它的有效作用还是远比它的破坏作用大得多。这是镭在医学上不可估量的作用。利用镭破坏产生病变的细胞，可以治疗红斑狼疮和其他几种癌症。这种治疗方法被定名为“放射疗法”，在巴黎它被称为“居里疗法”。许多医生利用这种方法对上述病症进行治疗，均获得成效。

辉煌的诺贝尔奖

随着对镭不断深入的研究，居里夫妇在全世界也获得了越来越广泛的认可。事实上，镭的发现是居里夫妇完成的最重要的工作，也是他们对科学作出的最重大的贡献，居里夫妇在提炼镭的过程中，创造了化学界一种全新的分析方法——放射性方法加上分步结晶法，这种崭新的化学分析方法，对今后化学的学科发展起了十分重大的作用。同时，镭的发现为放射性现象这一广义的内涵，提供了坚实的基础。放射性现象从此成为物理、化学中很重要的一个分支。

为什么镭的发现，会成为学术界的一大冲击呢?

过去学者始终认为，宇宙所有物体都是由固定元素所构成的，其性质永远不变。自从镭这种新元素被发现后，此种想法就被推翻了。

镭是一种由放射光所产生的氦气和射气所组合成的新元素，换句话说，放射性元素本身是不断地在变化的。当变化达到一半时（半衰期），铀要花上数十亿年的时间，镭则需一千六百年。

1902年，法国科学学士院拨20000法郎给居里夫妇，请他们从5吨的矿石中提取镭。

镭还可用来鉴定钻石的真假。钻石本身不能发光，必须靠其他的光反射，用镭照射后会发出灿烂光芒的才是真钻石。

彼艾尔与两个高级医生布沙尔和巴尔塔沙尔合作研究镭在医学上的作用。不久他们就确定，利用镭破坏产生病变的细胞，可以治疗红斑狼疮和其他几种癌症。这种治疗方法被定名为“放射疗法”。此疗法后来被称为“居里疗法”。许多法国医生利用这种方法对上述病症进行了几次治疗，均获得成效。

镭在医学治疗上的作用被发现，表明镭不仅有实验上的意义，它也可以成为人类生活中的帮手，镭的提炼具有相当广阔的商业前景。

放射性的研究缘起于法国，很快就引起了国外研究者的注意。自1900年起，许多科学界的知名人士写信到娄蒙路，请求提供资料。居里夫妇与威廉·克鲁克斯爵士（英国著名物理学家及化学家）、维也纳的承绪斯教授和玻尔兹曼教授（奥地利物理学家）、丹麦探险家巴尔森都有书信往来，他们慷慨地向这些同行提供说明和专门的介绍。好几个地方的研究者都从事寻找未知的放射性元素的工作，希望有新发现。先后被发现的有新钍、放射钍、放射锕、放射铅等新元素。

同时，居里夫妇在他们的棚屋里，依照他们发明的提纯方

在实验里的居里夫人

法炼制了八吨矿渣，从中提炼出了第一克镭。从此，镭的特性激发出人们在使用上的种种尝试，而在居里夫妇的帮助下，镭的批量生产也开始进行。1904年，法国实业家李斯洛想创办一个制镭工厂，以供给医生们治疗恶性肿瘤。在与这个工厂毗邻的地方，他给了居里夫妇一处地方，在那个狭小的棚屋里无法进行的工作，在这里就可以顺利完成了。

居里夫人没有离开过她的第一克镭。后来她把这克镭赠与了她的实验室。在那间著名的棚屋被拆房工人用鹤嘴锄铲平，居里夫人也已经去世的时候，这一克镭仍然是一种伟大工作的辉煌象征，仍然是居里夫妇一生中英勇时期的辉煌象征。

但是，工业上提炼出的镭就不一样了，它们有金子般的价值。正式出售的镭是当时世界上最昂贵的东西，一克价值75万法郎。

一天上午，彼艾尔收到了一封美国来信，这是美国创立制镭业的工程师们写来的，信里谈到他们将创立一家提炼镭的工厂，请求居里夫妇在镭的提炼方法上给予指导。彼艾尔对妻子说："我们得在两种决定中采取一种：要么毫无保留地把提炼镭的专门技术公之于众，包括提纯方法在内……"

居里夫人做了一个赞成的手势："是，当然如此。"

“要么我们申请生产镭的专利，毕竟镭的提纯技术是我们发明的，这样我们就可以在全球的镭制造业中拥有取得相应利益的权利。”

“我们不能这么办，这是违反科学精神的。”居里夫人坚决地表示。

彼艾尔为了尽到责任，冷静而客观地分析道：“我也这样想，可我们不能这样轻率地作出决定。我们的生活还很困难，而且恐怕永远是困难的。我们有一个女儿，也许还会有别的孩子。为了孩子们，为了我们，这种专利代表很多钱，代表财富。有了它，我们可以过得舒服一点，可以辞掉辛苦的工作……而且，最重要的，我们还能有一个好的实验室。”

居里夫人仔细考虑了那些可以取得物质报酬的主意，然后平静而坚定地说：“物理学家总是把研究成果全部发表的。我们的发现不过是偶然有商业上的前途。再说，镭在治疗疾病上大有用处，我觉得不能借此求利。科学家不应把他们的发现当作摇钱树。镭属于世界上所有的人。”

彼艾尔听了她的意见后说：“是的，我们不能从我们的发现中牟取私利，这是违反科学精神的。在答复美国的要求之前，我想知道你的想法与我是否一致。今天晚上我就给美国写回信，把他们所要的资料寄给他们。”

20 年后，居里夫人回忆道：

彼艾尔·居里和我的意见完全一致，决定不从我们的发现中取得物质上的利益，因此我们不领取专利执照，并且毫无保留地发表了我们的研究成果，包括镭的提炼方法在内。遇到有对镭感兴趣的人向我们索要材料，我们也都提供。这对于镭的制造业有很大的好处，它可以先在法国，以后在别的国家完全自由地发展起来，以生产可供学者和医生使用的镭。其实，目前工业上所用的提炼方法，仍然是由我们发明的方法，几乎没有什么改变。

在随后的1903年，荣誉频频光顾居里夫妇。1903年5月，居里夫妇接受英国皇家学会的邀请，到英国去做关于镭的演讲。这次演讲是由彼艾尔做的，演讲的地点是英国著名科学家戴维和法拉第做过演讲的地方。演讲中，彼艾尔取出装有一点点镭的铅瓶，请人把屋子遮黑，进行了惊人的实验：他利用镭的作用使一个金箔验电器放电，他在黑纸包裹的照相底版上留影，他证明这种物质会自动放热。

11月5日，为了表示对居里夫妇的推崇，英国皇家学会授予居里夫妇戴维奖章。这项奖励创设于1877年，每年由英国皇家学会颁发，授予在化学研究中取得重大发现的科学家，获奖者可在获得铜质奖章的同时得到二百英镑的奖金。在这之前，他们在1903年还获得过伯特洛奖章、巴黎市荣誉奖章。

当时，居里夫人身体不好，所以彼艾尔独自去伦敦参加了授奖仪式。彼艾尔带回了一枚很重的金奖章，上面刻着他俩的名字。拿回家后，彼艾尔本想找一个妥当的地方放好它，可他对荣誉漫不经心的“毛病”总是难以“改正”。他先是把它弄丢了，重新找到后，他灵机一动，把奖章交给了6岁的女儿伊雷娜。

“伊雷娜非常喜欢这个新的大钱！”这就是彼艾尔的结论。

在取得了一系列认可和荣誉之后，居里夫妇一生中最大的荣耀终于来临了。1903 年 11 月 14 日，他们接到了瑞典科学院院士、常务秘书欧利维理乌斯的来信：

居里先生暨夫人：

瑞典科学院在 11 月 12 日的会议中，决定将本年度诺贝尔物理学奖金的一半授予你们，以表示尊重你们在柏克勒尔射线的研究上共同卓越的成就。这一决议，要在 12 月 10 日才正式公布，此前请严守秘密，奖金和金奖章也将在同时颁发。

12 月 10 日，我们将以瑞典科学院的名义，举行授奖仪式，请接受邀请。

依照诺贝尔基金委员会章程第九条规定，你们须在授奖后六个月内，在斯德哥尔摩作一次公开演讲，以得奖的工作为题目。你们若能按照规定的日子前来，最好在会后几天内履行这一任务，请照办。

科学院希望你们能光临斯德哥尔摩，并请先生和夫人接受我们最崇高的敬意。

一时间，居里夫妇有些不知所措，他们身体不好，工作太忙，学生的课程也放不下。因此，11 月 19 日彼艾尔回信表示，他们非常感谢瑞典科学院将诺贝尔奖授予他们夫妇二人，但因为工作太忙和居里夫人一直生病，无法在冬天出门到严寒的北欧去。最后，彼艾尔说：“我想请求延缓我们的旅行和演讲日期，例如到复活节，如能延到 6 月中旬更为合适。待我们的健康状况好转，学校的课也告一段落，到时我们再去。”

12 月 10 日，一直秘而不宣的获奖消息正式宣布。这一消息立即在巴黎和全世界引起了轰动。1903 年，是诺贝尔奖第三次颁奖。1901 年诺贝尔物理学奖得主是发现了 X 射线的德国物理学家伦琴。1902 年，荷兰物理学家洛伦兹和德国物理学家塞曼因为在“研究光和电磁现象之间的联系方面所做的开创性工作”，共享了该年度诺贝尔物理学奖。法国从 1901 年开始就以最积极的姿态参与角逐诺贝尔奖，1901 年有两位法国人获奖（文学奖、和平奖），1902 年轮空，到 1903 年又有三位法国科学家获奖，这怎能不让法国人欣喜若狂呢？

居里夫人

按照事先的约定，居里夫妇没有参加 12 月的这次盛会，法国公使代表他们从瑞典国王手中领取了金质奖章。引人注目的是，居里夫人是世界上第一位获得诺贝尔奖的女性！她的获奖告诉全世界，女性也完全有能力在科学的世界中获得成功！

由以上的情况可以知道，镭的发现是深具意义的。

居里夫妇对镭所做的实验，真是难以数计；在四年之间，他们总计发表了三十二篇报告，每次都获得热烈的反应。

对他们来说，这实在是一大困扰，这点从玛丽给哥哥的信上就可以知道。

哥哥：

我们获得了一半诺贝尔奖金（60000法郎），对一向很穷的我们来说，帮助很大，但不知何时才能领到。

最近，新闻记者、摄影记者像洪水般地涌进我们的研究室，使我们无法静心读书，我真想躲到人烟绝迹的地方去。美国曾以很高的酬金邀请我们去巡回演讲，但我们都婉拒了。说真的，光是谢绝为我们举行庆祝会的事，就搞得筋疲力竭了。

我们需要时间继续努力研究，但是世人为什么不了解我们呢？

妹 玛丽

获诺贝尔奖后的居里夫人

1904年1月2日，诺贝尔奖金终于从瑞典寄来了，彼艾尔因此可以辞去教职，专心致力于研究。

玛丽立刻汇了一笔钱给在华沙开疗养院的姐姐和姐夫，他们本着为穷人服务的宗旨，经营得很艰苦。居里夫妇又把一部分钱捐给两三个科学学会。凡是从事科学研究的组织，经常会有经费上的困难，这一点他们是很了解的。

对于在他们研究室工作的波兰留法女学生，以及自己任教班级里的清贫而优秀的学生，居里夫妇也拿出一部分钱，作为奖学金，鼓励他们上进。

此外，玛丽还郑重邀请在华沙时候的恩师来法国一游。

桑多潘老师：

您或许已记不得我了吧？我是玛丽·斯科罗特夫斯基，在华沙曾跟着您学法语，那已是我十四五岁时的往事了。老师亲切的指导令我毕生难忘；老师的谆谆教诲，使我终身受益匪浅。

随函所附的钱虽然微不足道，但希望老师能利用这笔钱到巴黎来。

我们的生活一向清苦，此次获得诺贝尔奖实在出乎意料。我想以这笔钱略表对师恩的感激之情。

如果老师到巴黎来，我不知会有多高兴！期盼老师早点来。

学生玛丽敬上

不久之后，桑多潘老师果真到巴黎来了。师生相见，激动万分，场面十分感人。

居里夫妇把这笔自己辛苦奋斗得来的奖金和更多人共享。而她自己依旧很节俭，而且还继续在女子高等师范学校任教。

背景知识

诺贝尔奖

诺贝尔奖金，是根据素有“炸药之王”称号的瑞典著名化学家诺贝尔的遗嘱和资产设立的。诺贝尔经过十几年的艰辛劳动，与父亲、哥哥先后发明了“硝化甘油”、“无烟炸药”等一系列适用于不同爆炸目标和用途的强有力的烈性炸药，极大地减轻了爆炸工人们的劳动强度，缩短了工程时间。诺贝尔将他遗产900万美元作为基金，用来奖励每年在和平、文学、物理、化学和医学五个学科中取得重大成果的人，不分种族、国籍和性别。迄今为止，诺贝尔奖金是世界上最高权威的奖赏。每一奖项包括一个铸有诺贝尔雕像的金质奖章，约4万美元的奖金和荣誉证书。并且规定，获奖者必须在授予仪式的6个月内，在斯德哥尔摩作一次以获奖工作为主题的公开演讲。

居里夫妇荣获的诺贝尔物理学奖证书（1903）

居里夫妇绝不会想到成名以后会给他们带来这么多的烦恼。玛丽在给约瑟夫的信中说：

我走到哪里都是杂乱不堪。人们好像总是竭尽全力地阻碍我们的工作。我决定勇敢一些，用冷冰冰的态度去对待大家——这是我迫不得已的决定。我的生活全被光荣和敬仰给破坏了。我做梦也不会想到获得诺贝尔奖会招来如此嘈杂不堪的结果，我们多想早日回到过去那种没人打扰的安静生活中去。对如今的我们来说，"沉思"才是最重要的。

我也许应该把我们收到的信都扔了。其中有十四行诗，是咏镭的诗歌；有各种各样的发明家写来的信函；有充满哲学性质的信。昨天还收到一个美国人寄来的信，请我允许他用我的名字给一匹赛马命名，当然还有成百的人索取照片和签名。这些信我全看一遍就要花去不少时间了。

因为我们的努力超过了我们的力量，而且工作的物质环境太不好，我们已经极为疲倦。现在一出了名，更增加了我们的麻烦。这对我们无异于一场灾难。

第五篇　伟大的女科学家

荣誉就像玩具，只能玩玩而已，绝不能永远守着它。否则将一事无成。

——居里夫人

向命运挑战

居里夫妇桌上放满了来自世界各地的信件。有的询问有关镭的问题，有的邀请他们撰稿或演讲，还有的要求他们转让专利权等。这些信加上来访的人，使他们疲于应付。

说真的，制造一克的镭就需要 750000 法郎，如果他们申请专利再转让，一定可以获得一笔很可观的财产。

在世界各地企业家的催逼下，彼艾尔也因生活的窘迫而有点动摇，但如冰块一般冷静的玛丽却说："彼艾尔，能过富裕而舒适的生活当然很好，可是，我们并不是为了享受才做研究呀。镭的研究，比我们当初所想的更重要，尤其在癌症的治疗方面更是不可或缺，如果申请专利，我良心会不安。这么重要的东西，我认为我们不应该独占，我想向全世界公开镭的秘密。”

一直静听玛丽说话的彼艾尔深表赞同，并且很佩服玛丽。他说：“好，我赞成你的看法，不论是谁，只要向我们询问，我们都会告诉他。”

由于居里夫妇毅然放弃由镭致富的机会，毫不犹豫地将研究成果贡献给全世界，因此，镭的工业很快地就扩展至世界各个国家。

1905 年 6 月，他们前往瑞典斯德哥尔摩访问。

当他们在斯德哥尔摩科学学士院发表有关镭的演讲时，彼艾尔的演讲比过去任何一次都深入，吸引了许多的听众。

镭的发现，不但推翻了物理学上的几个根本原理，而且也揭开了地质学、气象学等领域的某些奥秘。

演讲时，彼艾尔也对将来的问题做了一番详尽的专门性解说，使所有的学者不得不重新评估他们的研究价值。

这趟旅行，由于气候宜人，使得他们夫妇俩的健康情况大为好转，而且所到之处都受到悉心的照料，这大概是彼艾尔短暂的一生中最幸福的一段岁月吧。

回巴黎后，他们竭力避免一些不必要的应酬，但是他们响亮的声名实在太吸引人了。

一天晚上，在居里夫妇家朴素的客厅内，有一场前所未见的表演，令观赏者目瞪口呆、大声喝彩，彼艾尔、玛丽、伊雷娜也都看得非常高兴。

在电灯全部熄灭的幽暗客厅内，一只翅膀上闪烁着蓝白磷光的蝴蝶，正随着美妙的音乐在花丛中飞舞，这是美国著名舞蹈家洛伊弗莱为了答谢居里夫妇而献演的。

原来，她由“镭会在晚上发光”的报道中获得了灵感，而设计了一套舞台服装，那就是以磷光颜料涂在华丽的舞台上以显现效果。当表演正式推出之后，一时之间，剧场爆满，盛况空前。但是却没有人知道，在精彩演出的幕后，竟是来自居里夫妇这对学者的智慧。

居里夫妇的声名传遍遐迩，美国及其他国家的大学都尽力争取他们去讲学。

正当一切都很顺利的时候，却发生了一件令玛丽伤心欲绝的事。

1906 年 4 月 19 日星期四，是一个阴雨绵绵的日子。

虽已 4 月中旬，雨却像冬季那般湿冷。一大早，彼艾尔为了参加大学午餐会及商讨校正书稿等事，匆匆忙忙地出门去了。下午两点，他步出科学会馆，想到出版社去。

雨，依然滂沱。在彼艾尔横越马路时，左右各来了一部马车，闪避不及的他不幸滑倒在地上，头盖骨被车轮碾碎了。

鲜血在骤雨的路面流散满地，交通警察跑了过来，从死者身上的证件知道罹难者是居里教授，消息立刻传至政府当局、巴黎大学及玛丽的家。

亚伯特校长和勃朗教授匆匆赶到居里家，但是玛丽没有在。

傍晚六点多，在冷雨飘洒之下，毫不知情的玛丽回来了。走到家门口时，她心里涌起一股异样的感觉，好似被不祥的阴影所笼罩。

“莫非出了什么事?”玛丽边沉吟，边推开门。只见亚伯特校长、勃朗教授和四五个陌生人，神情哀伤地伫立在屋里。

玛丽的心紧缩了起来，疑惑不安的目光不断地扫视着他们。大家木然地望着她，不知该从何说起。

在一室令人窒息的沉默中，亚伯特校长很艰难地启口说："夫人，你不要太激动。事情实在太不幸，居里先生出车祸去世了。"

"彼艾尔死了？"面对这突如其来的打击，玛丽一时之间神情茫然地呆立不动。

"彼艾尔死了！这是真的吗？"玛丽仿如置身梦境，耳际只听到大家在谈着彼艾尔出事的情形，谁也不知道玛丽是否听了进去，因为她始终不言不语、眼神呆滞。

但这的确是个确确实实的悲剧而不是梦！

救护车把彼艾尔的尸体载回来了。今天早上还微笑出门的彼艾尔，现在却头绑绷带，直挺挺地躺在担架上被抬了回来，怎不令玛丽哀恸欲绝？

手表、钢笔、研究室的钥匙也被送回来。手表连表面都没破，还滴答、滴答地走着……

玛丽悄悄地轻吻着彼艾尔的双手和脸颊。

彼艾尔头部的绷带早就被血染红了。看他那安详的神态，真令人不敢相信他死得那么惨！

"啊，彼艾尔真的死了！"此刻，玛丽的热泪如决堤的河水般泻了下来。

玛丽回想起从前夫妻俩的谈话："我们之中，如果有一个死了，另一个也活不下去。"没想到，十一年的婚姻刹那间就这么结束了。

"他走了，我该怎么办呢？"在广阔的法国，玛丽丧失了精神支柱，彼艾尔留下了她和9岁的伊雷娜、2岁的艾芙，往后的日子真是一片黑暗。她该怎么办？断翼的鸟，如何能再在空中飞翔？

彼艾尔，你为什么要抛下我？我多么想和你一道去，可是年幼的伊雷娜、艾芙怎么办？我们共同研究的镭，又该怎么办？

玛丽把万般痛苦宣泄在日记上。

彼艾尔，各地的吊唁电报、信件，在我的桌上堆积如山，报纸杂志也天天报道你的事迹。

彼艾尔·居里最喜欢的一张夫人照片，放在他棺木内

但任何劝慰和悼念只是徒增我的哀伤罢了，永远也换不回你的生命了。

在棺木中，我放了一张我的相片和院子里的一枝夹竹桃。彼艾尔，你所喜爱的夹竹桃还未开花，实在遗憾啊！

你为了申请研究费的补助或想加入学术会员行列，屡遭法国政府当局和大学教授拒绝，可是，现在他们却都向我致歉，并想在葬礼前举行追悼演讲会，我已经予以恳辞了。我知道，不管他们如何颂扬你，你的灵魂也不会高兴的。如果在你生前，政府答应你的请求，那么，在你短暂的这一生，也许会有更了不起的成就。

一切都太迟了，你再也不会回来开研究室的门了。啊，彼艾尔，我所敬爱的丈夫，我最亲切的老师，现在，你把艰难的研究交给了我，我该怎么做才好呢？

我依你生前的意思，只让最亲近的人参加葬礼，只是，教育部长执意要送你，并一直要送达墓地。

这是历代居里家的墓地，你就葬在母亲旁边，而你的旁边，就是我将来要去的地方。

最后，我在你的棺木上撒了许多花朵，永别了，彼艾尔。

1906 年 4 月 22 日

玛丽合起日记本，夜色已深，还不懂人事的艾芙睡得正香甜呢。

巴黎的晚春，在悲伤中逝去了。

约瑟夫和布洛妮亚接获电报匆匆赶来，却没赶上葬礼。消息来得太突然，他们不知该怎么来安慰玛丽，只紧紧握住她的手，如果布洛妮亚真要开口，大家都会痛哭失声的。

自从葬礼结束后，玛丽看起来就像是个无魂的黑衣木偶一般，不曾开口说话，对前来悼问的人，也只是点头而已。

她的公公、哥哥、姐姐却很担心她，怕她想不开而寻短见。

但是，玛丽外表看来好像因哀伤过度而麻木，其实，她内心正以坚强的理智来压抑悲伤。

当她觉得孤寂，想念彼艾尔时，就在日记上和彼艾尔说话。

> 彼艾尔，我们分离还没几天，却像已过了一年。
>
> 你的参考书还照样摆在桌上，帽子挂在衣架上，你的表也依旧滴答作响……我尽量使房内的一切和以前一样，好让我觉得你并没有弃我而去。
>
> 彼艾尔，你在大学物理讲座和实验所的遗缺，政府与学校当局正在研议；我现在对实验所应该如何处理，如何继续你的研究，最为惦记。
>
> 政府打算发一笔养老金给我，被我拒绝了。
>
> 我还年轻，还可以教书；再说，我并未失去抚育伊雷娜、艾芙到成人的勇气。

外表沉默寡言，内心坚强无比的玛丽，并没有被哀伤所击倒。

大学当局对这位拥有理学博士头衔的不凡女性，也不敢予以轻视。于是，指定玛丽为实验所主任。至于这个举世瞩目的镭研究实验所的指导者，谁才是恰当的人选呢？为这件事，玛丽在日记上写着：

> 彼艾尔，你最要好的朋友杰尔威和杰克认为我能胜任你以前担任的工作，并已向学校寄出推荐函。
>
> 亚伯特校长也深表赞同。如真能打破传统，任女性为教授，那实在是令人惊讶。

这个令人惊异的事，果真实现了。

学校最后决定，彼艾尔·居里的物理讲座由其夫人玛丽·居里接任。

虽然只是讲师而非教授，但她却是法国史上第一位站在大学讲坛的女性，玛丽真是百感交集。

我已经接任你生前的工作，坐你坐过的椅子，拿你拿过的教鞭。彼艾尔，我的心情是错综复杂的。想到你经常说的话：“无论发生什么事，无论生活如何痛苦，我们都要共同完成实验。”这番话带给我足够的勇气，所以我接受了校方的聘书。

你离去至今，已快一个月了。插在花瓶内的金雀儿早已盛开，藤花和菖蒲也含苞待放，这些都是你喜爱的花，但我不忍看它们。每一朵花都会让我想到你，忆起伤心的往事。

震撼全世界的彼艾尔·居里之死，经过两个月后，一切又归于平静了。

玛丽也恢复了往昔的冷静，并且滋生了一股新的勇气。约瑟夫看见这种情形，就放心地回到波兰，姐姐布洛妮亚也准备走了。

7月，彼艾尔已过世三个月了，布洛妮亚打算第二天就要离去，玛丽把姐姐请入卧房。

外面虽然天气炎热，壁炉内却火光熊熊。

布洛妮亚疑惑地问："玛丽，你在做什么？"

"姐姐，请帮我一个忙，这件事除了你之外，我不打算让任何人知道。"

说着，她从壁橱取出一个包袱，并把绳带剪断。

"啊！"布洛妮亚吓了一跳，"这是什么啊？"

包袱内是血渍斑斑的衣裤，那是彼艾尔惨死当天所穿着的。

玛丽一言不发地把它们剪碎，放入壁炉中。

染有血渍的布片，在炉火中窜起火舌而化成灰烬。

"让所有的哀伤全随着火焰消失吧，请赐给我生存下去的勇气。"

坚强的玛丽再也抑遏不住，抱着布洛妮亚失声痛哭。

布洛妮亚了解玛丽的心情，帮着她剪碎衣裳，投入壁炉中。

燃烧吧，姐妹俩紧握双手，如石像般望着炉火一动不动。

布洛妮亚揉搓着她的头发，缓缓地说："玛丽，一切都过去了。明天起，比以往更艰苦的生活就要来临了，相信你一定会克服的。从小，你就不曾被困难所击败，我坚信你会比以前更加成功，也许你会很孤寂，但是要忍耐。你是法国第一位大学女讲师，不要忘了，全法国人都在注意你的表现；还有，关于镭的单独分离，彼艾尔生前尚未完成，只有你才有可能完成它，彼艾尔在天之灵会护佑着你的。玛丽，为了祖国波兰的荣誉，你必须努力！"

这番劝勉的话，使玛丽心情大为振奋。

"姐姐，谢谢你对我这么关心。请你放心，我不会再这样伤心难过下去的。我有彼艾尔遗留下来的事要做，以前两人共同努力，现在只由我一人去做，虽然不知要多久才能完成，但我一定会成功的。”

翌日，布洛妮亚离开巴黎，玛丽又是孑然一身了。

为了忘怀过去，重新生活，经过慎重的考虑后，玛丽在巴黎市郊租了一幢有庭院的房子。

彼艾尔还未结婚时，就是住在这一带，他的坟墓也在这里。从这里到大学实验所，要搭半小时的火车，但是孩子们在这里可以更接近大自然。

此后，玛丽、伊雷娜、艾芙和 79 岁的老居里先生四个人，开始过着新的生活了。

1906 年 11 月新学期开始，玛丽为了准备大学物理课程，整个暑假都在实验所埋首准备。

为了做得比彼艾尔更好，也为了不辜负推荐者的好意，她参阅彼艾尔的参考书和笔记，不断地努力，两个孩子也暂时托亲戚照顾。虽然单独一人有时会感到寂寞，但她还是鼓起勇气。

终于，开学了。

11 月 5 日下午 1 点 30 分，是第一堂物理课。

一大早，玛丽到彼艾尔的坟地献上一束鲜花，悄声说：“今天我就要到学校去接任你的课。为了不损害你的名誉，整个暑假我都拼命地在准备。身为女性，我不知能否胜任，现在实在是有点担心。但我从未失去信心，为了维护诺贝尔奖得奖人的荣誉，我一定要好好做。请你在天之灵保佑我。”

物理学教室里早已坐满了学生，想旁听的人也从走廊排到校园。

法国有史以来第一位女讲师，又是悲剧的女主角、诺贝尔奖得主，名声早已轰动遐迩；何况今天的课程又是有关镭放射

居里夫人在索邦大学的第一堂讲课

能的说明，所以前来听课的不只是学生，还有大学教授、新闻记者和社会人士。

上课铃声响了，玛丽轻轻推开教室的门，顿时，喧哗归于沉寂。

玛丽步上讲台，微微鞠躬，四周响起如雷般的掌声。

掌声停止了。大家屏息静气，想听听她第一句话会说什么。

“在物理学领域里，这十年来所达成的进步……”

玛丽以沉着、坚定的声音，从彼艾尔最后一堂课的这句话开始讲起。这节课所讲的是有关原子分裂、放射性物质的新学说。

下课时间一到，她又微微地一鞠躬，走出教室。静心聆听的人群这时才如大梦初醒般疯狂地鼓掌。

这是非常成功的一堂课，学校当局对她的学问深表敬佩。

除了讲课，玛丽还必须到实验室指导研究。

从实验的企划以至研究结果的报告，即使健壮的男人都难以胜任，可是玛丽却决定全力以赴。

现在所做的就是他们夫妇尚未完成的“镭的单独提取”，这项工作的艰巨和实验的困难，比准备功课更加辛苦。

她的劳累与日俱增，常因脑贫血而在实验室或家里晕倒。

健康状况不佳的人，是不能担任这种工作的，但是，却没有人能代替玛丽。玛丽具有坚强的信念，下定决心要继承彼艾尔的遗志，虽为学问而倒下也在所不惜。何况彼艾尔还留给她教育伊雷娜和艾芙的责任！

玛丽对一般母亲的教育方法很不以为然，总认为她们太宠孩子，也缺乏对孩子们的知识灌输。那么玛丽是怎么教育小孩的呢？

晚春的一天，巴黎郊外正下着倾盆骤雨，雷电交加，10 岁的伊雷娜害怕得躲在被窝里。玛丽一把掀开棉被，伊雷娜随即又扑向玛丽怀里说："妈妈，我好害怕！"

玛丽强迫伊雷娜坐在椅子上，然后以浅显的方式告诉她雷电的原因。

"妈妈，如果雷落到我们家，怎么办呢？"

"不会的，因为我们家有避雷针。"

"可是……如果掉到别人家，会发生火灾。"

"也不会的，大家的屋子都是砖头建的。"

"可是……我讨厌闪电……"

玛丽拉上窗帘说："这样，光就进不来了。"

"妈妈，那么，雷的声音不是恶魔的声音喽？"

"嗯，那是电的作用。这种声音是恶魔从怀里拿出光珠的说法是骗人的。"

"那么，雷会抓小孩的说法也是骗人的喽？"

"是啊，雷怎么会抓人呢？"

这时，伊雷娜紧张的情绪缓和多了。

"打雷时，大家都往屋里跑，我以为他们是怕被恶魔抓去。"

“不是，因为打雷时在外面很危险，尤其在大树下更危险，所以大家都跑到屋里来。屋子有避雷针，就不怕打雷了。”

“我知道了，妈妈，我不怕了。”

玛丽对神怪故事最感厌恶。如果有谁在孩子面前谈鬼怪，她一定不客气地责怪他，并且撕毁所有的鬼怪书刊。

别人的小孩怕黑暗，不敢在关灯的房里睡觉。但伊雷娜和艾芙从妈妈那里知道，黑暗的地方也没有鬼怪，所以敢自己一个人上楼睡觉，而且晚上有事外出也不害怕。伊雷娜甚至可以单独一人搭火车到遥远的亲戚家去。

玛丽除了注意孩子的精神健康之外，也关心他们的身体状况。她在院子里设置了单杠、秋千、跳环等让孩子们玩，还送她们到体操学校锻炼身体。

彼艾尔·居里去世后，居里夫人和两个女儿

每个星期日下午，是孩子最快乐的时候。

“妈妈，脚踏车的轮胎打气打好了。”

“好，那么我们走吧！”

于是，母女三人各骑一部脚踏车到郊外去游玩。

最小的艾芙，不服输地猛踩踏板。

凉风吹拂在他们汗湿的额头和红热的脸颊上。

她们到草原采撷野花，在溪涧濯足，在阳光普照的草坪上吃点心。

晚餐时，桌上的花瓶里插着从郊外摘回来的花，芬芳四溢；爷爷也兴致勃勃地听孙女们谈郊游的趣事。

这时候，是玛丽最感到快乐的时光。

她知道运动是心灵创伤最好的治疗剂，因此苦心安排时间，陪孩子们运动，不让她们体会到失去父亲的孤寂和缺憾。

她也常利用暑假，带她们到海边学游泳，因此孩子们都很健康、强壮。

彼艾尔过世四年后，正当玛丽的生活渐趋平静幸福时，又有一件不幸的事降临。

1910 年 2 月 25 日，老居里医生因肺炎去世了。虽然玛丽竭力看护，最终还是无济于事，居里家的墓园又添了一座新坟。

伊雷娜和艾芙痛失慈祥的爷爷，玛丽只好把她们交给女管家照料。

波兰的兄姐经常想尽办法帮助玛丽，尤其是希拉，她经常来照顾她们。小艾芙最爱希拉阿姨，当阿姨在时，她绝不会去吵正在做实验的母亲。

孩子虽然没有父亲，可是玛丽绝不宠溺她们。她的管教方式也很特别，当孩子不听话时，她并不体罚她们，却一两天不理她们。这种处罚使孩子受不了，不得不向母亲道歉。但处罚她们时，最感痛苦的还是玛丽自己。

再度获诺贝尔奖

彼艾尔去世之后，在实验所孤军奋斗的玛丽，获得了出乎她意料的援助。

首先，美国的钢铁大王安德鲁·卡耐基提供给了她几年的研究费用，使她的研究设备得以改善，并增加了研究员。

此外，另有一位叫安德烈·杜比恩的人也来协助她研究，后来玛丽能够成功地将镭单独提取，杜比恩功不可没。

终于，成功的一天来临了。玛丽荣获了1911年的诺贝尔化学奖。

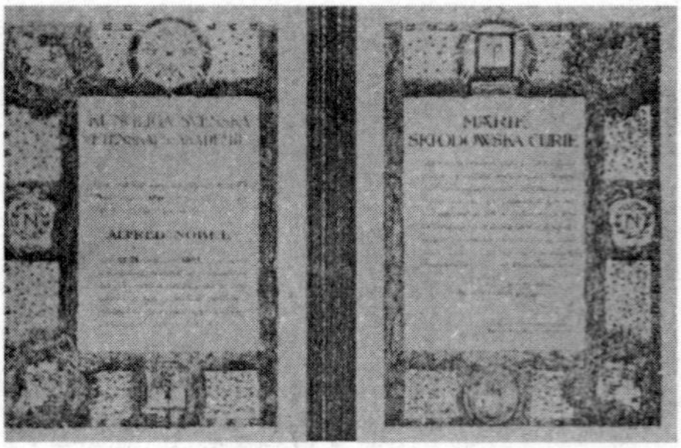

居里夫人1911年二度获得诺贝尔奖证书

一生中荣获两次诺贝尔奖，这是史无前例的，也可能后无来者了。

失去了可以依赖的丈夫，又得独力养育小孩，玛丽在简陋的实验室内撑着瘦弱的身子做实验，她经常因积劳而晕厥，而且还受到法国学士院的歧视（他们说她不是法国人，而是亡国的波兰人，并且是个女人），玛丽的苦闷向谁倾诉？

但是，她终于获胜了。四年的努力，总算开花结果了。那时，她正好 43 岁。

为了参加颁奖典礼，她请布洛妮亚陪同她和伊雷娜前往瑞典的首都斯德哥尔摩。

一路上，她们各自怀着不同的心情。

伊雷娜只要一想到瑞典国王将要亲自颁奖给母亲，就觉得母亲好伟大，内心不禁充满骄傲和幸福之感。

布洛妮亚则回想起有关玛丽的成串往事。当年在小阁楼里不眠不休的苦学，不饮不食而晕厥的妹妹，如今已是两次诺贝尔奖的得主了。去世的父母亲如果知道这份荣耀，该有多高兴啊！

母亲去世那年，玛丽还只是个 10 岁的孩子，这已是 34 年前的往事了，想着，想着，布洛妮亚禁不住悄悄揩去脸上的泪水。

而玛丽此时在想些什么呢？她想起四年前曾和彼艾尔一起到瑞典，事隔一年，彼艾尔就死于车祸。而今天，她却又再度到斯德哥尔摩来了，世事真不可预料啊。

受奖之后，玛丽发表感言，她说："我今天所获得的荣誉，是我和我丈夫共同研究建立的；今天，我要把诸位加予我的赞语，转赠给我的丈夫彼艾尔·居里先生。"

回巴黎后，玛丽因旅途劳累而病倒了，她的健康情形本来就不好，医生劝她静养两个月。

希拉、布洛妮亚、约瑟夫都赶来看她，见到她骨瘦如柴的样子，他们都很担心。

一位朋友劝她带着伊雷娜和艾芙到英法海峡附近的一栋别墅去静养。

那年的秋天，玛丽前往英国伯明罕大学接受荣誉博士学位。

同年，巴黎大学文理学院院长里奥博士及巴斯特研究所所长卢博士共同出资创设“镭研究所”。

此研究所分成两部分，其一为放射能实验所，由玛丽负责；其二为生物学研究和“居里疗法”实验所，由克劳鲁格主持。

1914年7月，由建筑家雷诺设计的现代化研究所“居里馆”落成。

当玛丽恢复健康，要返回实验所展开研究工作时，第一次世界大战爆发了。

前线救助

1914年6月28日，战火弥漫整个欧洲。

7月的欧洲，到处发出动员令，宣战的消息搞得人心惶惶。8月3日，德国向法国宣战，使法国也被卷入到战争的漩涡中。

艾 芙

进入了比利时的德军，也势如破竹般地侵入法国。法军节节败退，战火一天一天地逼近了巴黎。

时值暑假，玛丽想到

布鲁达明别墅去看女儿，却因战争原因而无法如愿，只好写了封信给她们。

亲爱的伊雷娜、艾芙：

我们所担心的事终于发生了。由于战争，我无法去看你们了，你们要好好照顾自己，以后通讯可能不太方便，但千万不要害怕和担心。德军已通过比利时，法国势必连连苦战；波兰也已被德军占领，你们的姨妈也许久没信来了。

妈妈

背景知识

第一次世界大战

第一次世界大战（World War Ⅰ）（the First World War），是1914—1918年帝国主义国家两大集团——同盟国与协约国之间为瓜分世界、争夺殖民地和霸权而进行的首次世界规模的战争。战争先在八个欧洲国家（德意志帝国、奥匈帝国及其敌对国英国、法国、俄国、比利时、塞尔维亚和黑山）之间开始，后来逐渐有38个国家15亿人卷入战争。战场遍及欧、亚、非三洲和大西洋、地中海、太平洋等海域。

早在1882年5月，德意志帝国、奥匈帝国和意大利在维也纳签订同盟条约，形成了侵略性的军事政治集团——同盟国。

1892—1907年，俄、法、英三国先后签订协约，逐步形成了与同盟国相对立的协约国。两大军事集团的对立，加速了双方扩军备战和争夺战略要地的步伐。巴尔干半岛和地中海成为双方争夺的焦点。从1905—1913年，两大军事集团为争夺战略要地制造了一系列国际危机，甚至引起局部战争。随着资本主义经济危机和政治危机的加深，各帝国主义集团迫切希望从战争中寻求出路。

1914年6月28日，奥匈帝国皇储弗兰茨·斐迪南为对塞尔维亚炫耀武力，到波斯尼亚检阅部队，在萨拉热窝遇刺。

这一事件成为第一次世界大战的导火线。7月28日，奥匈帝国对塞尔维亚宣战。俄国根据有关条约，为支持塞尔维亚，于7月30日宣布军事总动员。8月1日，德意志帝国对俄宣战。8月3日德意志帝国对法宣战。8月4日英国对德意志帝国宣战。大战由此全面展开。

在欧洲大陆首先点燃的战火，迅速蔓延到中近东、远东和非洲一些地区。其中欧洲战场是主要战场，由西线战场、东线战场、巴尔干战场以及意大利战场组成。参战国还进行了多次海战，并把空军第一次用于实战。

1917年，德意志帝国转入全面防御，俄国爆发革命，美国参战。

1917年11月7日（俄历10月25日），俄国爆发了十月社会主义革命，开辟了人类历史的新纪元，以列宁为首的苏维埃政府宣布退出帝国主义大战。

1918年，协约国发动总攻，同盟国土崩瓦解。

11月11日，《贡比涅森林停战协定》签订，德意志帝国投降。历时四年零三个月的第一次世界大战以协约国的胜利告终。

第一次世界大战使各国人民蒙受了空前的灾难。战争期间，协约国总计动员军队4218万人，损失2210万人，其中死亡515万人。同盟国总计动员军队2285万人，损失1540万余人，其中死亡380万人。交战双方直接军费约为1863亿美元。

第一次世界大战，使帝国主义各国的力量对比发生了变化。德意志帝国战败，割地赔款，奥匈帝国彻底瓦解，英法虽取得了胜利，但在战争中元气大伤，受到削弱；美国在战争中牟取暴利，一跃成为经济强国。战后帝国主义奴役掠夺战败国和宰割弱小国家的《凡尔赛和约》等分赃条约，虽暂时调整了帝国主义战胜国之间的关系，但没有消除它们之间的根本矛盾，为第二次世界大战的爆发埋下了祸根。

第一次世界大战促进了各国的革命运动。在俄国十月革命影响下，德意志帝国和匈牙利等国，也先后爆发了革命，殖民地半殖民地民族解放运动蓬勃兴起。

动员令下达后，年轻人和有工作能力的都被调往前线，玛丽的研究室内仅剩下一个羸弱的男助手。终于，实验所也不得不关闭了。

玛丽把门锁好，携带着一克的镭，搭乘火车前往法国和西班牙的边境。

车厢内全是亡命法西边境的官员，他们谈的都是打败仗的事，没有半点信心；玛丽觉得很懊恼，就把视线

坐在放射线治疗车中的居里夫人

移向车窗外，只见外面也是一排排往西逃难的汽车行列。

抵达目的地后，玛丽把镭寄放在银行的保险箱内，立刻又返回巴黎。

她到底回巴黎做什么呢？

玛丽想利用X光透视子弹和碎片，为伤兵疗伤。于是，她把X光治疗设备装在车内，到前线或巴黎各医院巡回服务。

这种“放射线治疗车”可以利用发动中的汽车马达发电而放射；此外也用镭的放射（居里疗法）来治疗恶性肿瘤，她把这种设备分配给各地的医疗车使用。

放射治疗车渐渐不够使用了，玛丽于是到各富豪的家里去游说，借到了二十余部自用车，她把它们全改装成放射治疗车，其中一部供自己专用，玛丽坐在司机旁边，常常出入于枪林弹雨中。

1915年4月，玛丽的座车在一次急转弯时翻倒，她被压在车内的仪器下，大家都认定她已无生的希望，没想到，奇迹般地，她仅受了一点轻伤。第二天，她又照样若无其事地到战场上去救护伤兵了。

接受居里夫人放射治疗指导的美国士兵（1919年）

放射治疗车不只使法军受惠，连比利时及北意大利前线也有它们的踪迹。

在野战医院中，有些年轻的护士不知道这位

穿着朴素的女人就是鼎鼎大名的居里夫人，常把她差使过来、差使过去。

有一次，玛丽到比利时奥古斯都医院去，发现一个工作非常认真的士兵和一个护士；后来她才知道，他们就是比利时的皇帝和皇后。

1918年11月11日上午11点，终于传来了停战的消息，四年的战事终于停止了。始终盼望着和平到来的欧洲各国人民，同声庆祝，此时已无敌我之分。

对玛丽来说，停战具有两个意义，其一是法国获胜，其二是她的祖国波兰独立了。

波兰，就像传说中的不死鸟一般，从死灰中复苏了。玛丽又和中断了五年音讯的兄姐联络上了，她高兴地提笔回信。

哥哥、姐姐们：

我已经收到你们报平安的信了。我们在巴黎也一切都好，大家终于都安然地度过了这场艰苦的战争。

伊雷娜已长大，可以帮我做放射治疗的工作。

虽然实验所由于战争而关闭，但我因此却治愈了无数名伤兵，所以感到很安慰。

听到波兰独立的消息，太让我兴奋了，这种感觉，是生长在自由国度里的人所无法体会的。

我一方面觉得高兴，一方面又感慨万千。从摇篮时期就被锁链扣住的同胞，不久之后就能呼吸新鲜空气和享受灿烂的阳光了；可是，同胞们也为此付出了血的代价啊！

如果认为此后祖国就能安和乐利，那还言之过早，我们还必须经过许多的考验。

距退休还有好几年，我必须重返工作岗位，一面教书一面做实验；好在年轻人也回来了，不久之后，实验所将可恢复往昔的正常工作。

最后，我要告诉哥哥姐姐们，我很想早日回华沙，看看自由的祖国。

妹　玛丽

访问美国

在研究室里的居里夫人和伊雷娜

世界再度恢复和平，玛丽的家也重现曙光。

伊雷娜已 21 岁了，她在大学里攻读物理和数学，打算继承母亲的衣钵；14 岁的艾芙正在苦练钢琴，打算将来做个音乐家。玛丽对她们的期望也很高。

实验所的工作又开始了，各个成员埋头于研究中，就像不曾受到战争的干扰似的。

玛丽把战争中所获得的经验运用在和平之世，也就是使“居里疗法”更普及。但是，五十多岁的玛丽，身体状况比从前更坏了，她不得不利用暑假多休息。

她最喜欢英法海峡之畔的避暑地，她们学校的教授也经常利用暑假来此度假。

海岸有大小无数的岛屿罗列着，如画儿一般美丽，玛丽选定了一所视野最佳的别墅住了下来。暑期过去，新的学期来临时，玛丽又恢复了健康。

1921年5月，玛丽和两个女儿搭上前往美国的奥林匹克号，从马赛港出发。

原来，纽约多家杂志的编辑美洛妮夫人，向全美国知识界呼吁，募集“玛丽·居里镭基金”，当时已募集了十万美元的款项，足够买一克的镭赠送给居里夫人，而且决定由总统在白宫亲自颁赠。

居里夫人和女儿第一次访问美国

居里夫人为了答谢美国各界的热忱，所以抱着衰弱的病体，千里迢迢地到美国去访问。

玛丽自己连一克的镭都没有，唯一的那一克，则是她做实验用的。如果她申请专利，早就富甲天下了，但她始终认为，对人类幸福有益的研究，不能视为赚钱工具。这件事早在前面就已提过，因此居里夫妇一开始就把镭的制造法公诸于世，因此凡是富裕而设备完善的地方都可以制造镭了，像美国就已制造了50克的镭。

为了表达对这位女性科学家的崇拜，所以美国方面发起了前述的“玛丽·居里镭基金”募捐运动。

当玛丽打算前往美国访问时，法国政府想颁给她一个勋章，但是被她拒绝了，她要以私人的身份前往美国。

为了这趟旅行访问，玛丽听从了伊雷娜的劝告，添置了一件新衣，但她们三人的行李就只有一个皮箱。

船驶入码头时，岸上早已挤满了欢迎的人潮，她们站在甲板上看到这一幕，都呆住了。

其实，早在船尚未入港的五个小时以前，港口已经挤得水泄不通，其中有新闻记者、摄影记者、女学生团体、女童子军团体等。人人手里都拿着红、白蔷薇花。此外，美国、法国、波兰的国旗也宛如海浪似地飘摇着。

居里夫人与美国科学家在匹兹堡讨论科学问题

大家都争先恐后的，想一睹这位伟大女性的庐山真面目。母女三人好不容易才脱出重围，回到美洛妮夫人家。

美洛妮夫人的房里有一盆绽放得艳丽夺人的花。美洛妮说：“居里夫人，这盆花是镭的力量使它开放的。”

“哦？”

“是的。这盆蔷薇是一位园艺家栽植的，但他得了癌症，后来用居里疗法治好了；为了报答你，他从数个月以前就开始精心培育这盆花，以便当你前来访问时，刚好能看到它盛开。”

“哦，原来如此。”玛丽不禁又兴奋又感动。

大家正闹哄哄地为她们安排旅程表。事实上，各大学授予荣誉博士学位的典礼、各大都市欢迎会等，都早已排得满满的了。

5 月 13 日，是行程的开始。

在纽约女子大学主办的欢迎会上，学校代表轮流向居里夫人献上美丽的鲜花或纪念品等，并赠予她“纽约荣誉市民”的钥匙。

与会者既有各大学的著名教授，也有法国及波兰的大使；最令玛丽感动的是波兰第一任总统也前来参加盛会。

这位总统就是当年在巴黎举行音乐会时的无名音乐家，玛丽曾与姐姐和姐夫一起去捧过场。

当年在音乐厅中的，一个是艰苦求学的留学生，一个是流

1927 年第五届科学年会会员合影，其中有居里夫人（前排左起第三人）、爱因斯坦（前排左起第五人）

亡的音乐家；三十年后的今天，他们重逢时，一个已是诺贝尔奖得主，另一个竟是波兰总统。

1921 年访美，居里夫人和哈定总统合影

5 月 20 日，哈定总统代表美国把一克的镭赠给居里夫人。

事实上，镭还存放在工厂的保险箱内，颁赠仪式中的铅盒内，只是镭的模型而已。

颁赠仪式是在当天下午 4 点进行的。以哈定总统夫人为先导，接着是法国大使、居里夫人、哈定总统、伊雷娜、艾芙、美洛妮夫人陆续进场了。

场内早已坐满各大学代表、各国外交官和陆海空军官员，铅盒则摆在桌子的正中央。

典礼结束后，哈定总统以“献身于艰苦工作的妇女”来形容居里夫人，并把一串挂有钥匙的金项链套在她的脖子上。这是开保险箱的钥匙。

报纸上纷纷报道这件事，第二天，更令人惊异的事发生了。

居里夫人婉拒了总统所颁赠的镭。她把镭转赠研究所。她说：“我要把我的一切献给大众。”

听到这些话语，谁能不佩服得五体投地呢？

此后，在行程之中，居里夫人到处受到最疯狂、最热烈的欢迎。某报曾以担心的口吻报道说："我们如此疯狂，是否要将居里夫人置于死地?"

事实上，玛丽确实有点体力不支了。她从早到晚和欢迎的人频频握手，她的手已痛得举不起来，必须用绷带架着。由于过度疲劳，她只好谢绝西部的欢迎会。

最后一个欢迎会是在芝加哥的波兰人街举行的。当地所有的波兰人都来参加，以便一睹"祖国闪亮的星"的真面目。男女老幼都因为能在异乡客地看到驰名世界的同胞而感动得热泪盈眶。大家紧紧地围着她，高唱着波兰国歌。

6 月 28 日，居里夫人和伊雷娜、艾芙再度搭上奥林匹克号返回法国。惜别的电报和花束，堆满了船舱。

她要转赠给研究所的镭，则放在船上的保险箱内，跟着她向西航行。

推动科学事业

1922 年，居里夫人接受了国际联盟理事会中的一个职位，这是一个在第一次世界大战以后致力于维护和平的组织。居里夫人经历了战争，亲眼见到了战争的残酷和给人们带来的伤害，她希望能通过这个组织来促进各国的了解，进而维护世界和平。

除此之外，居里夫人还是国际文化合作委员会委员，并于

居里夫人（前排右二）在索尔维会议上

1930年在西班牙首都马德里的国家文化合作委员会上当选为主席。她希望自己能通过这些工作，更好地为全人类服务。在担任国际文化合作委员会的职务后，居里夫人开始为推动全世界科学工作的发展而努力。她发现目前全世界的科学工作处于一种“无政府状态”，大家相互之间的交流甚少，学术上的很多规则混乱而不统一。她决心改变这种现状。在她的努力下，科学界进行了一系列的改革：统一科学符号和术语；统一科学出版物的开本；统一各杂志的著作摘要；拟定各种常数表。同时为了科学工作者更方便地搜集研究资料，相关机构开始整理各种书目。如果科研人员在研究工作中碰到难题，很快就会从新的书目中查到要找的资料，这将比以前方便百倍。

居里夫人是个不折不扣的人道主义者，她热切地关注着人类的生存状态，关注着人类的生生不息和每一项进步。她看到了科学在推动人类走向进步时候所发挥的巨大作用。

1933年，她放下手头的工作，到马德里去参加一个由法国象征派诗人以及哲学家举办的关于文化前途的辩论会。会上，许多艺术家认为，当前的文化陷入了一种世界性的危机，有人公开指出，科学的发展对文化危机的产生负有不可推卸的责任。居里夫人对这一观点发表了自己的看法：“我认为科学属于追求尽善尽美的人们。一个在实验中专心致志的学者，不只是一个技术员，他是一个有着好奇心的孩子，他也是个文学家，他眼前的自然现象像是在为他演绎神话一样，这是一幅美妙的画面。我们不应该简单地把科学看作是一种机械机构、机器或者齿轮装置，这是不切实际的……我不相信世界上冒险精神已经到了将近消失的边缘。在这个世界上，假如丧失了冒险精神和好奇心，人类的发展、文化的繁荣、科学的振兴将无从谈起。”居里夫人这些独到的见解、谦逊的态度，还有她高雅的气质，惊倒了推崇“专门化”与“标准化”的与会者，双方在会上愉快地交换了意见。

联想到自己那些艰难的求学岁月，居里夫人不希望再有人因为贫困而断送美好的前程。她利用个人的名誉和声望，经过努力的筹集和募捐活动，帮助国际组织设立了国际科学助学金，以帮助那些处境困难但是有前途的科学工作者。在她的一篇报道中她这样写道：“社会的兴趣何在？难道它不是应该赞助科学事业的发展？难道委员会的宗旨不是首先帮助发展科学才智吗？我认为：科学事业所需要的才能是一种异常珍贵又极为脆弱的财宝，若丧失这种财宝，就是罪过，而且是荒谬的。我们应该精心保护这种才能，以便给它提供一切成长的机会。”

波兰是她的第一故乡，是她骨子里自始至终都深深热爱的土地。每次有机会回归故乡，看到喀尔巴阡山的时候，那白雪皑皑的山头，那挺拔俊秀的黑枞树，还有那在群峰环绕之间清冽的小湖，蔚蓝得像眼睛，都使她如醉如痴，流连忘返。她生长的城市，后来她总叫它“我最爱的小华沙”。到她晚年时在给女儿的信中仍不时流露出对波兰的依恋之情：

> 昨天我独自在维斯杜拉河边散步……河水缓慢地在宽阔的河床里蜿蜒流淌，近处是青绿色，远处因为有蓝天的衬托而呈现出蓝色。露出水面的沙洲在阳光下闪烁，沙洲边上有几条耀眼的光，显示出比较深的水流的界限。
>
> 有一首克拉科夫民歌说到维斯杜拉河：“这条波兰河流有极大的魅力，受它迷惑的人至今还是爱它。”我觉得这是真的，至少我就是这样。

为了纪念她的祖国，她把她所发现的新元素用波兰（Poland）命名为“钋”（Polonium）。1912 年 5 月，一个波兰教授代表团来到巴黎，给居里夫人带来了一封波兰作家显克维支的信（亨里克·显克维支，波兰著名批判现实主义作家，因为作品《十字军骑士》于 1905 年获得诺贝尔文学奖）。在这封信上，显克维支代表波兰人民，请求居里夫人回国工作。这时候的居里夫人正在全身心地投入镭学研究院的建设工作中，如果这时候回去将前功尽弃。所以，她十分为难，只能硬着头皮拒绝。但是她尽自己最大的努力指导波兰科学家在华沙建立了一个放射性研究室，并派了自己的两个助手回国去做实地管理工作。放射性研究所成立那天，居里夫人专程赶回波兰，并用亲切的母语做了学术演讲。

这次活动之后，她开始关注波兰的科学发展。到了晚年，她计划在华沙也创设一个镭研究院，作为祖国的科学研究和癌肿治疗的中心。但由于缺乏资金和人才，困难重重。又是因为镭！居里夫人又因为没有镭而彻夜难眠了。好在远在大洋彼岸的亲切的美洛妮夫人再一次给了她巨大的帮助。美洛妮夫人收到好友的求援后，再次义无反顾地投入到募捐活动中去。很快，她募集齐了给居里夫人买 1 克镭的款项——居里夫人将再次前往美国，接受这个友好国度的第二次赠送。

这次美国之行没有像第一次那样搞得万人空巷。这一次更像是一场普通的外交活动。居里夫人除了参观必要的实验室，参加科学会议外，不再接受媒体采访，也不再安排大量的出行活动。尽管如此，居里夫人的到来还是让敏感的新闻媒体兴奋起来。他们竭尽全力地捕捉居里夫人的任何消息，甚至连她的生日这样的细节也不放过——今年的生日，居里夫人就是在这个遥远的国家度过她 62 岁生日的。为此她收到了数不清的生日礼物，甚至远在南极的美国极地探险家比尔德也发来了电报，对她的生日表示了祝贺。

与此同时，一场轰轰烈烈的募捐运动也在整个波兰开展起来。传单和印着居里夫人头像的邮票传遍全国。成千上万的明信片上印着居里夫人亲笔写的宣言："我最热烈的希望，是在华沙创设一个镭研究院。"募捐运动获得波兰政府、华沙市和波兰各重要学会的支持。

在一个晴朗的早晨，波兰总统砌了研究院的第一块砖，居里夫人砌了第二块，华沙市长砌了第三块。这标志着镭研究院建设的开始。1932 年 5 月 29 日，一个让波兰科学界铭记的日子，华沙镭研究院终于建成了！居里夫人的伟大梦想实现了，她从法国赶到波兰主持了华沙镭研究院的揭幕典礼。

对曾经非常不喜欢的公开演讲，现在居里夫人也能尝试着接受它了。在女儿的陪同下，她多次去意大利、荷兰、捷克、英国出席会议，参加演讲。尤其让她难忘的是那次去南半球的旅行。这是她迄今为止涉足最远的地域。旅途中，她感到了孩子般的快乐："我们看见了飞鱼！……我们观察到，当太阳就在我们头顶上时，我们的影子可以变得差不多完全没有。我们还可以把北极星和大熊星座这些我们所熟知的星座没入大海。南方出现了南十字星座，这是一个很美丽的星座。不过在这里的天空上出现的星星，我大多不认识……"就让这个辛苦一辈子、受尽磨难的女人好好放松一下吧，放下所有的实验、研究、会议，投入到眼下神奇的自然中，让心灵彻底享受静谧的夜空带来的安详。

晚年大量的外交活动占去了居里夫人很多研究的时间，但她并未因此而放弃科研。从 1920 年到 1934 年的 14 年时间里，她发表了 27 篇论文，占她发表论文总数的 39%。而她的五部专著，有四部是在 1920 年以后写的，还有两本传记问世。

同时，居里夫人还热情地指导提携年轻人。在镭学研究所工作的学生都是她从全世界挑选出来的佼佼者。中国的郑大章 1921 年赴法勤工俭学，后来有机会来到居里夫人的实验室，由她亲自指导；施士元是居里夫人的研究生，他聪明好学、谦虚谨慎，很受导师的重视，两个人平时经常在一起讨论问题。有一次，居里夫人对她的女儿艾芙说："今天，我在实验室同我的中国学生用英文交流了很久。我曾经肯定过一个假说理论，而这个青年刚刚用实验证明了这个假设不准确，但当我说这个假设的推理应该准确时，他始终认真听，并客气地点头同意。当时，我简直猜不出他是否有不同意见，他又没有向我公布他的实验结果。在这些中国学生面前，我总觉得自己态度生硬霸道、自行惭愧，他们远比我们文明多了。”居里夫人所说的这个中国留学生就是施士元。在施士元学成回国后，他曾回忆：“居里夫人领导的实验室，是当时世界上放射性研究中心之一。她工作扎实、待人和气、态度诚恳，没有主仆尊卑，在她面前，只有与人平等相待、互相尊重。”

居里夫人博物馆

每天，她准时出现在研究所，这里有三五成群的年轻人——科学界未来的新星——在等待着她，等待着与这个平易近人而又严肃沉默的智者进行交流。几十年的科学工作，使得他们的老师犹如一个活的图书馆或者电脑，任何头疼的疑问到了老师这里似乎总能轻松化解：“福尼埃先生，你向我提出的问题我已经想过了，你的意见很好，但是你提议的方法是不能用的。我想了另外一种方法，应该可以成功……科罗泰夫人，你得到的那个数字，你认为对吗？我昨晚重新算过，我得到的结果略微有所不同，你看一看吧。”

她精通五国文字，对镭和放射学有关的任何知识，都能随手拈来。科学对她而言就好像一座并不难找到出口的迷宫，她似乎总能轻松地穿插其中、游刃有余。这让学生们深深佩服。

在这位拥有真才实学的老师的指导下进行工作，学生们会信心十足。正如居里夫人的好友让·佩翰夫人说：“居里夫人不仅仅是一个伟大的物理学家，还是我所知道的最杰出的实验室指导人。”

为科学奉献到底

60 岁时，玛丽仍把生命奉献给科学，她对研究的热情一点都没有减退。

每日上午 9 时 15 分，总是会有一部汽车停在玛丽的公寓旁，按三下喇叭，玛丽立刻闻声披上外衣、戴好帽子下楼，坐

老年时的居里夫人

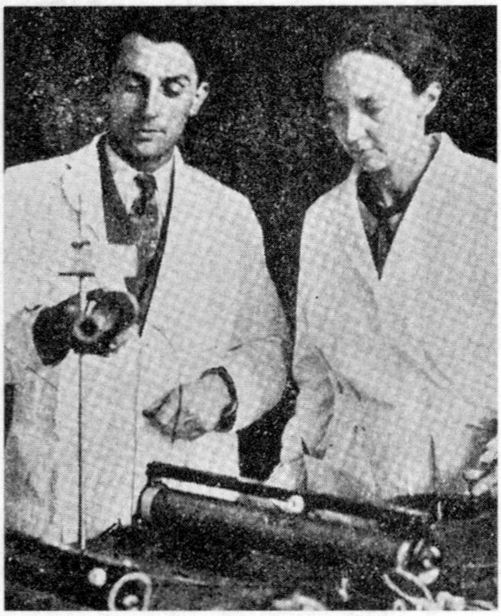

实验室中的伊雷娜

上车子到实验所去，直到夜里七八点，甚至过了午夜才回来。

“妈，您年纪大了，不要太累。”

艾芙很替母亲担心，但玛丽说：“不会的，我一天有四十分钟的休息时间呢！”

当时，长女伊雷娜已和在研究所工作的物理学者杰里欧结婚，生了一个女孩艾莲。玛丽每天都抽空到公园去陪小孙女艾莲玩 40 分钟，这就是她所谓的“休息”。

玛丽经常收到来自世界各地的纪念品，所以屋里装饰得琳琅满目，有美丽的水彩画、珍奇的花瓶、富于情调的地毯……旅游世界归国的人还写信告诉玛丽，在中国某个地方的孔庙内也挂有她的照片。

1923 年 12 月 26 日，从居里夫人的公寓内传出阵阵笑语。原来，年老的四兄妹又团聚在一起了，玛丽高兴极了。

他们谈的是当天大学里召开“发现镭二十五周年纪念会”的情景。哥哥抚摸着雪白的胡子说：“玛丽，今天法国总统说：‘有这么一位伟大的居里夫人，是法国无上的光荣。’那时我心里就想，要是爸爸在世，他听到这句话一定会说：‘才不是！玛丽是波兰人，是我的女儿。’”大家不禁又笑成一团。

法国这次居然以国家的名义对玛丽加以表扬，还颁给她“国家奖”及 40000 法郎的养老金。

三兄妹听到这消息，所以一齐赶到巴黎来参加盛典。看见玛丽和伊雷娜、艾芙以贵宾的身份接受法国人士的祝贺，他们真是兴奋得无法形容。

这一天，可以说是他们四兄妹最快乐的一天。小时候，住在华沙女子学校的宿舍玩过家家的孩子，现在都已是六七十岁的老人了，可是大家仍像孩子般天真地谈笑着。

布洛妮亚突然想起一件事，她说："玛丽，你还有一件事没做。"

"什么事?"

"记得吗? 那是三年前的事了。华沙镭研究所开工那天，你不是回来过吗? 明年春天这个研究所就要落成了，这是波兰人为了纪念你而建的，到时候你一定要回来。"

玛丽很兴奋地说："我一定回去，听说规模比我当初设计的还大。我真想回华沙，希拉也会做她拿手的波兰饼给我吃。"

希拉哈哈大笑："波兰饼? ……哈哈! 玛丽好用功，我一定做一些给你吃……哈哈!"

约瑟夫也插嘴说："是啊，玛丽最爱吃波兰饼了。"

"头发上系着红丝带，向妈妈吵着要吃波兰饼，玛丽，那时你才 7 岁吧?"

布洛妮亚话题一转，兴致勃勃地说："明年等你回华沙，我们再到维斯杜拉河去划船，怎么样?"

"好啊，我每年夏天都在海滨划船，我相信我的技术还不赖!"

"玛丽，桨可不是镭噢，你不要搞错!"约瑟夫的幽默，引得大家哄堂大笑。

"波兰镭研究所"落成时，玛丽果真回到了华沙。

盛大的欢迎会后，他们四人就到维斯杜拉河去划船，过了最愉快的一天。这是玛丽最难忘怀的故乡，但这已是玛丽最后一次回故乡了。

1933 年 12 月，65 岁的玛丽病倒了，经 X 光检视结果，证实她患上了胆囊结石。

她想到父亲当年也因此病开刀而不治，所以不愿动手术，只打算静养一段时间，后来果真慢慢恢复了健康，甚至还能去溜冰、滑雪呢。

她对自己的健康情形更具信心了，于是开始从事有关放射能的著述，也开始“锕 X”分离的艰难研究。

她每天早出晚归，比以前更努力地工作着，一心一意地研究着。

晚年居里夫人梦见彼艾尔·居里

但是，大量的工作，不充足的休息使得居里夫人的健康状况与日俱下。每天从实验室回来，她总是满脸倦容，不想多说一句话。这个 65 岁的老人，即使有再多的勇气和信心，也无法克服因身体的痛苦而带来的困扰。

从 1920 年开始，居里夫人就感到视力明显下降，如果不戴眼镜，她会觉得世界模糊得厉害。经过诊断，她得了双层白内障，如果继续用眼过度，随时都会有失明的危险。在给布洛妮亚的信中，她这样写道：

我的眼镜和耳朵成了我最大的困扰。我的视力极度衰退。也不知道能否治好。耳朵里总有一种嗡嗡的声音，这种声音有时候还很响。我对此感到很焦虑，我的工作受到了很大的妨碍，甚至完全不能工作。这个问题使得我很痛苦，不过你不要对任何人说，我最不愿意这个消息传出去。

好强的她不愿意别人知道自己的病情，怕媒体知道又会引起轩然大波。在治疗的过程中，她始终都用“加瑞夫人”这个假名字。

从1923年到1930年，先后经历了三次眼科手术，居里夫人总算没有完全失明。在做完手术后，居里夫人给女儿艾芙写信：

我正在培养走路时不戴眼镜的习惯，而且已经有所进步。我在崎岖的山路间散过两次步，结果还算好。我没有遇到障碍，走得比较快。现在对我障碍最大的是重影问题，我甚至认不出眼前的人是谁。在看书或者写字的时候，这个问题就更严重了。

虽然手术成功了，她的视力还是衰退得很厉害。她常常看不清仪器表上的数据，又常常因为视力模糊而打破东西。为了避免别人看出她眼睛的问题以便能够顺利完成实验，她想出各种办法。比如，她在仪器标度盘上做明显的彩色标记，在授课笔记本上用很大的字来写备案，用高倍的放大镜来观察实验物品，有时候，她甚至还用盘问对方的巧妙办法来代替必须的回答……学生们其实早已经知道自己的老师身患眼疾了，只是谁也不愿意把这个秘密说破，怕说出来让老师伤心。大家都保持沉默，共同把这个令人伤心的游戏陪老师玩下去。

巴黎理化学校居里夫妇的化学实验室

居里夫人晚年的一位合作者曾这样描述她的生活：

在一间昏暗的屋子里，她坐在仪器前进行测量。为避免温度发生变化，屋子里的取暖设备不能打开。居里夫人用熟练、和谐的动作进行着一系列的操作：打开仪器、开动马表、拿起砝码……任何一位钢琴家的双手也不能比居里夫人的双手更为灵巧。这是一种完美的技术，这种技术能使人为的误差接近为零。做完计算后，比较所得结果，因为偏差大大低于允许的限度，证明测量很精确。那时候我们会看到她那不带修饰的真诚的快乐的表情。

正如居里夫人所说，科学家在科学面前就像是一个孩子，对每一个发现都会欣喜若狂；又好像一个文学家，眼前的东西对他而言就好像在聆听一个美妙的神话故事。居里夫人在科学领域中已经达到了炉火纯青的境界，即使身体遭受病痛的折磨，即使岁月不饶人，将人拖入苍老的河流，但是一旦投入到科学的怀抱中，那么，这一切都可以忘记了！在1927年她写给布洛妮亚的信中，她这样说：

> 有时候我没有足够的信心，就对自己说，应该停止工作，回家乡去专心从事园艺工作。然而，又有千丝万缕的东西在缠绕着我，我也不知道什么时候才能做好回家的安排。尤其不清楚的是，在我编写文学作品的时候，我是否能接受没有实验室的日子。

众所周知，镭这种放射性元素带有强烈的辐射性，人体如果和它直接接触，身体系统会因为辐射而发生病变。所以，装有镭的试管必须放在铅盒中，因为镭射线无法穿透铅。居里夫人在实验中，严格要求学生们必须穿铅服，就是因为这个道理。镭辐射所造成的危害在居里夫人的身上明显地表现出来。她经常感到全身疲劳，耳朵、肩膀不断疼痛，还经常高烧，并且伴有头晕、恶心、颤抖，甚至无法站立……女儿们看出妈妈这次的疾病不同以往，坚持找医生给母亲治疗。医生们经过检查，发现在她的肺部X光照片上有以前留下的病灶和一点炎症，但是他们搞不清楚这究竟是种什么病：她总是高烧不退，症状像是流行性感冒，但是肺部又有炎症，这又像是气管炎。最后，女儿们不得不从日内瓦请来了著名医生罗斯教授，他的诊断是：

爆发性恶性贫血。血液里的红白血球数目减少得非常快，这是一种无法控制和治疗的绝症。

玛丽无视于周围任何人的劝告，即使在寒冬季节，她为了避免温度变化影响实验而不生炉火。

或许她已自知来日不多了吧，所以才加倍努力。经过了多次的辛勤研究，她终于完成了“锕 X”的分离工作。

1934 年 4 月复活节时，布洛妮亚出其不意地来巴黎看她。玛丽高兴地带着她到法国南部旅行。她们参观了许多名胜古迹。

“姐姐，以前我和彼艾尔曾经相约，打算到法国南部观光，这个愿望一直没有实现。这次我带你来这里，可以说把法国的名胜古迹都看遍了，我的心愿已经满足，死无遗憾了。”

“玛丽，好好的为什么说这种话？人生 70 才开始呀！”

“镭的研究有了相当的进展，祖国也独立了，而且孩子已经长大，我觉得力量慢慢从我身体里消失了。”

“愉快地玩吧，不要说这种话。全世界的人都还在注意你的研究呢，不要这么软弱；平常都是你在鼓励我，怎么这次反倒让我安慰起你来了呢？”

“其实我还不想死，我还想研究镭是否另有新贡献……可是，我的健康情形不行了。”

“那是因为你太累了，多保重就会好转的。”

旅行就在这次不吉利的交谈中结束了。回到别墅以后，玛丽突然像感冒般寒战，布洛妮亚赶紧生炉火。突然，玛丽抖了一下，倒在布洛妮亚的手臂上；布洛妮亚吓坏了，赶紧抱着她，这时，玛丽像孩子般地哭了起来。

“玛丽，不要哭，只是小感冒，不要紧的。”

玛丽止住哭泣，以无力的声音说着："姐姐，今晚这里是不是只有咱们俩?"

"是啊，你振作一点。"

"姐姐，我不是感冒。我最近时常这样，可能受到了镭放射能的侵害，这件事我一直都没对别人说过。"

"玛丽，你胡说些什么？最近你老是说这些，你是感冒了，休息四五天就会好的，那时我们再回巴黎!"

如果真是受到镭的侵害，那就是医学界的严重问题了。布洛妮亚和玛丽都不想谈这个问题。

过了几天，由于气候暖和，玛丽精神好多了，于是又回到巴黎来。

布洛妮亚为玛丽请来了一位权威的医生，诊断为感冒。忐忑不安的她，回到波兰时，看见到车站送行的玛丽气色很好，但一想到别墅的那一幕，她就无法安心。

"玛丽，你多保重。"

"嗯，姐姐，你也要保重。"

姐妹俩在月台上吻别，两人的眼里都溢满了泪水。可谁知道，这就是她们姐妹的最后一面。

6 月底，玛丽又病倒了。经 X 光照射，发现她年轻时肺结核的部位有发炎现象，大家都劝她到疗养院去。

小女儿艾芙揉搓着她瘦削的肩膀说："妈，我陪你去吧！你看起来很疲倦，暂时到疗养院静养也好，8 月里，伊雷娜会回来看你，我也会请阿姨来陪你。"

这次玛丽和往常不同，立刻答应了。

"好吧，实验所的锕要密封好，等我回来以便继续研究。"

到疗养院之前，艾芙先请了法国四位权威医生会诊，认为是肺结核复发。既然如此，艾芙也无法可想，只好收拾行装，准备和母亲到疗养院去。

火车抵达圣杰尔巴车站时，玛丽已倒在艾芙和护士手中而昏迷不醒了。

居里夫人病势垂危！这个消息震撼了全世界。

疗养院从瑞士的日内瓦请来了一位著名的医生洛克博士，经过周详的血液检查，发现玛丽的红血球和白血球降低很多，病名是“恶性贫血症”。

时常高烧至40℃的玛丽，有时也会清醒过来，自己看体温计。她也许自知不行了，但是艾芙不敢通知亲戚，怕他们一来，更使病人绝望。

7月3日上午，热度下降，玛丽也舒服多了，或许这就是回光返照吧。

玛丽徐徐地说：“使我精神好多的，不是药，而是高山的清新空气。我多想赶快回巴黎，去看看放射能的原稿。”

她始终记挂着出书的事。但是，7月4日，当阳光把疗养院周围的山染成蔷薇色的时候，玛丽·居里，这具伟大的灵魂永远与世长辞了！连她的兄姐都没赶上见她最后的一面。她死于恶性贫血症，这是长期受到镭的照射，导致红、白血球被破坏的缘故。

尸体解剖证明：导致她死亡的真正杀手正是镭。

居里夫人去世的消息迅速传遍了整个世界。世界各国的大学、研究机构、科学家的慰问电不断涌向巴黎。人们以悲痛的心情接受了这一事实。中国北平中央研究院院长蔡元培也发出了慰问电。他曾因出国考察途径巴黎时，与居里夫人有过长时间的交谈，当时还邀请她来中国访谈。可惜由于种种原因居里夫人没能成行，从而成为中国科学界的一大遗憾。

在镭学研究院里，她的学生们面对着那些研究仪器哭泣。而此时的居里夫人已经远离一切喧嚣，静静地躺在床上休息了。她穿着白衣服，头发梳向后面，露出宽大饱满的前额。她面容平和、庄严而且勇敢，此时，她是世界上最美丽、最高贵的人。

她那双粗糙的、结了老茧的、被镭严重灼伤的手在被单上静放着，一动不动。

这是一双做了那么多工作的手！

就这样，居里夫人走完了她一生的道路。这一生中，居里夫人全身心投入到对科学真理的探索当中，从来没有追求过生活上的富有、荣华。

1934 年 7 月 6 日，一个天气晴朗的下午，玛丽的棺木被埋葬在巴黎郊外居里祖坟中，彼艾尔的墓地就在她的旁边。

约瑟夫和布洛妮亚各把一抔土撒入墓穴，轻声说道：“玛丽，这是你生前最喜爱的祖国的泥土。”

1935 年 11 月 23 日，在美国纽约市罗里奇博物馆举行的居里夫人的悼念会上，爱因斯坦对居里夫人的一生，做了高度评价。

爱因斯坦激动而又满怀尊敬地说：

在像居里夫人这样一位崇高人物结束她的一生的时候，我们不要仅仅满足于回忆她的工作成果对人类已经作出的贡献。第一流人物对于时代和历史进程的意义，在道德品质方面，也许比单纯的才智成就方面还要大。即使是后者，它们取决于品格的程度也远远超过通常所认为的那样。

我幸运地同居里夫人有二十年崇高而真挚的友谊。我对她的人格的伟大愈来愈感到钦佩。她的坚强，她的意志的纯洁，她的律己之严，她的客观，她的刚正不阿的判断——所有这一切都难得地集中在了一个人的身上。她在任何时候都意识到自己是社会的公仆，她的极端的谦虚，永远不会给自满留下任何余地。由于社会的残酷和不平等，她的心情总是抑郁的。这就使得她具有那样严肃的外貌，很容易使不容易接近她的人发生误解——这是一种无法用任何艺术气质来解释的少见的严肃性。一旦她认识到某一条道路是正确的，她就毫不妥协地并且顽强地坚持走下去。

她一生最伟大的科学功绩——证明放射性元素的存在并把它们分离出来——之所以能取得，不仅是靠着大胆的直觉，而且也靠着难以想象的极端困难情况下工作的热忱和顽强。这样的困难，在实验科学的历史上是罕见的。

居里夫人的品德力量和热忱，哪怕只要有一小部分存在于欧洲的知识分子中间，欧洲就会迎来一个比较光明的未来。

在近六百字的悼词中，爱因斯坦只用了三十多个字谈到居里夫人的科学功绩，其他都用来赞扬她的品德力量。由此可见，

爱因斯坦

居里夫人不仅以她卓越的科学贡献两次荣获诺贝尔奖，为世界留下彪炳千秋的功勋，而且，她那日月经天、江河行地的浩然正气，返璞归真、贫贱不移的一片丹心，更是后世永远无法忘怀的楷模。这份精神力量激励着成千上万的莘莘学子，在科学探索的荆棘之途中，前仆后继、继往开来！

对于她和丈夫彼艾尔·居里不追求个人名利，一生从事苦行僧式艰苦科学研究的生活方式，很多人也提出过不同的意见，他们认为，如果当初居里夫妇在专利证书上签一个字，他们不就可以有足够的金钱建设许多实验室和医院了吗？

对于这个问题，居里夫人在她的文章中曾有过答复，她认为：

……我的许多朋友坚持说，如果我们保留了我们的专利权，就可以得到必需的资金，来建立一个设备完善的镭研究所，而以前曾经阻碍我们两个人、现在仍在阻碍我的种种困难，都可以避免。他们所

晚年的居里夫人

说的这些意见并非没有道理，只是我仍然坚信我们采取的态度是正确的。

人类需要善于实践的人，这种人能由他们的工作取得最大的利益；他们虽然不忘记大众的福利，但也仍能保障自己的利益。但是，人类也需要有梦想的人，这种人醉心于一种事业，追求大公无私的目的，而将自身的物质利益完全放在一边。显然，这些理想主义者和梦想者没有享受财富的幸福，因为他们并不追求它。

虽然如此，我们感觉一个组织得好的社会，应该设法对这些人所需的设备、经费给予充分重视，让他们的生活能不因受物质问题的困扰而陷入困窘，使他们能自由而专心地从事科学研究。

正如居里夫人所说的那样，她就是一位科学道路上的“梦想者”。

附　录

居里夫人年表

1867 年 11 月 7 日生于波兰华沙。

1868 年，1 岁，父亲斯科罗特夫斯基任诺佛立普基路男子中学副督学。母亲因病辞去女校校长一职。

1878 年，11 岁，母亲病逝。

1881 年，14 岁，离开私立寄宿学校，转入俄国人控制的公立中学。

1883 年，16 岁，6 月，中学毕业。被送到波兰南部的乡下。

1884 年，17 岁，9 月，从乡下回到华沙。任家庭教师。

1891 年，24 岁，赴巴黎求学。

1893 年，26 岁，7 月，通过物理学学士学位考试。

1894 年，27 岁，7 月，通过数学学士学位的考试。

1895 年，28 岁，7 月 26 日，与彼艾尔·居里在巴黎郊区梭镇结婚。

1897 年，30 岁，9 月 12 日，长女伊雷娜·居里出生。

1898 年，31 岁，7 月，居里夫妇向科学院提出新元素为钋。

12 月，发现新的放射性元素，镭。

1900 年，33 岁，在巴黎西南的赛福尔女子高等师范学校讲授物理学。

1903 年，36 岁，6 月，获理学博士学位。

12 月，与丈夫同获诺贝尔物理学奖。

1904 年，37 岁，11 月，任索邦大学理学院物理实验室主任。

12 月，次女艾芙·居里出生。

1906 年，39 岁，4 月 19 日，彼艾尔因车祸猝死。

5 月，接替彼艾尔讲授物理学课程。

1908 年，41 岁，为《彼艾尔·居里著作集》撰序，追述丈夫的业绩。

1911 年，44 岁，12 月，获诺贝尔化学奖。

1914 年，47 岁，把一克价值高昂的实验用镭秘存于银行保险库中，以免战乱失落。

接受法国妇协委派，指导各地 X 射线照相工作，配合战地救护。

1919 年，52 岁，重返镭学研究院，指导实验室工作。

1921 年，54 岁，5 月，母女三人赴美，去接受英国玛丽·居里镭基金募捐委员会赠送的一克镭。

1922 年，55 岁，2 月，当选为巴黎医学科学院院士。

1925 年，58 岁，前往华沙，为镭学研究院奠基。

1929 年，62 岁，前往美国，代表华沙镭学研究院接受美国人民馈赠的又一克镭。

1932 年，65 岁，前往华沙，主持镭学研究院开幕典礼。

1933 年，66 岁，当选为国际文化合作委员会会议主席，呼吁各国保卫科学和文化。

1934 年，67 岁，7 月 4 日，因病逝世于疗养院。

7 月 6 日，葬于巴黎梭镇居里墓穴。